Kartoffeln

Susanne Martin

GARTEN-FIT

- Sorten und Anbau
- Fitness und Gesundheit
- Feine Rezepte

Ulmer

Inhalt

Verwandlungskünstler

Die Kartoffel hat seit über 350 Jahren Tradition im Hausgarten. Mit ihren vielfältigen Zubereitungsmöglichkeiten entpuppt sie sich immer wieder als echte Delikatesse.

„Einwanderungsgemüse"

Eine wahre Renaissance erlebte die Kartoffel durch die Wiederentdeckung alter Sorten. Durch die Kultivierung dieser Raritäten bescherten die Landwirte den Verbrauchern längst vergessene Genüsse.

Kartoffeln selbst anbauen

Lernen Sie die verschiedenen Sorten mit ihren unterschiedlichen Geschmacksrichtungen, Formen und Farben kennen und erfahren Sie wertvolle Tipps zu Sortenwahl, Anbau und Lagerung.

Fit und Gesund

Feine Rezepte

Verwandlungskünstler

Die Wellness-Ära rückt den Wert naturbelassener Nahrungsmittel zunehmend ins Bewusstsein des Verbrauchers. Die Kartoffel, eine der ältesten Kulturpflanzen überhaupt, rangiert dank ihres hohen ernährungsphysiologischen Wertes wieder oben auf dem Speiseplan. Wie kein anderes Gemüse entpuppt sie sich in der Hand des Koches als echter Verwandlungskünstler. Im Hausgarten wird sie wegen ihrer bodenverbessernden Eigenschaften sehr geschätzt.

Die Kartoffel ist aus Deutschlands Küchen nicht mehr wegzudenken. Ob gekocht, überbacken oder püriert, dem kulinarischen Einfallsreichtum sind keine Grenzen gesetzt. So ist der vielseitige Verwandlungskünstler ganz selbstverständlich in vielen Nutzgärten anzutreffen.

„Patate, Potate, Potet, zur Familie gehörst du wie die Henne", klingt es in der Ode an die Kartoffel von Pablo Neruda, dem chilenischen Lyriker. Der überzeugte Hobbygärtner schwört auf seine eigene Biokartoffel. Ob Frühkartoffel oder lagerfähige Sorte, die Knolle aus dem Garten ist viel gelobter Hochgenuss. Nun hat der stolze Besitzer eines Hausgartens wohl die besten Chancen auf eine wirklich schmackhafte Ernte. Auf der Suche nach der Kartoffelsorte seines Herzens gilt es sich zunächst schlau zu machen. Denn in Deutschland gibt es 138 amtlich zertifizierte Speisekartoffelsorten wie 'Atica', 'Sieglinde', 'Selma', 'Granola', 'Adretta', um nur einige zu nennen. Leider wird vom regionalen Handel die Vielfalt stark eingeschränkt und nur ein kleiner Teil der Sorten zum Kauf angeboten. Wer sich jedoch die Mühe macht und verschiedene Sorten bewusst verkostet, wird über die Palette der geschmacklichen Variationen erstaunt sein. Da muss schon der Familienrat entscheiden, welche Kartoffel in Zukunft den Gemüsegarten zieren soll.

Gemäß der beschreibenden Sortenliste 2001 in Deutschland gibt es 186 zugelassene Kartoffelsorten, von denen 138 als Speisekartoffelsorten eingestuft sind.

Aus eigener Ernte: Der Kartoffel-Vorrat für's ganze Jahr

Alte Kartoffelsorten neu entdeckt

Engagierte Landwirte im baden-württembergischen und norddeutschen Raum haben von der breiten Öffentlichkeit wohl weitestgehend unbemerkt durch die Neukultivierung alter, nicht mehr zugelassener Sorten den Verbrauchern längst vergessene kulinarische Freuden beschert. Diese Kartoffelsorten fallen durch ihre Vielfalt in Form und Farbe auf. Ältere Generationen kennen vielleicht noch die 'Odenwälder Blaue', eine deutsche Sorte des Züchters Böhm aus Großbiberau von 1908, eine mehlig kochende Kartoffel mit runder Form, violetter Schale und hellgelbem Fruchtfleisch. Oder das 'Bamberger Hörnle', eine so genannte Fingerling-Kartoffel, die bei Kennern als eine der schmackhaftesten Sorten überhaupt gilt und vielleicht schon in Großmutters Garten gewachsen ist. Diese Sorte verfügt sogar noch über eine amtliche Zulassung. Der letzte Schrei in Kennerkreisen ist die Sorte 'Vitelotte noire', im Deutschen auch bekannt als 'Blaue französische Trüffelkartoffel', die noch heute in Frankreich angebaut wird. Die 'Vitelotte' mit ihrer blauen Schale ist keineswegs ein Produkt der Gentechnik, sondern eine Kartoffel, die ihre außergewöhnliche Farbe, die übrigens beim Kochen erhalten bleibt, dem natürlichen Farbstoff Anthozyan verdankt. Blauer Kartoffelsalat – bestimmt ein ungewöhnliches Erlebnis!

Alte Sorten werden von überzeugten Kartoffelliebhabern wieder kultiviert, um die Vielfalt unserer Kartoffel zu erhalten. Für Hobbyköche und Gourmets sind die bunten Knollen ein echter Geheimtipp.

Diese Originale werden dem Kartoffel-Verbrauch bestimmt neue Impulse geben. Sie beleben das gewohnte Knollen-Einerlei nicht nur mit überraschenden Formen und Farben. Die Geschmacksrichtungen dieser Luxuskartoffeln reichen von würzig, cremig und süßlich bis erdig.

Hobbyköche können diese Raritäten in Form von Spezialitätentüten bei bestimmten Anbauern beziehen (Adressen im Anhang).

Wer darüber hinaus über einen kleinen Garten verfügt, hat es gut: Er kann seiner Experimentierfreude mit diesen alten Sorten freien Lauf lassen, denn der ganz private Anbau im Garten ist erlaubt. Wer es nicht derart exotisch mag, wird auch mit dem Anbau einer gängigen Sorte seine Freude haben.

In diesem Buch sind zahlreiche Tipps zu Sortenwahl, Anbau, Pflege und Lagerung zusammengestellt, das nötige Rüstzeug also für den gärtnerischen Erfolg. Der Kartoffel-Begeisterte findet darüber hinaus viel Wissenswertes rund um die Knolle: Botanisches, Kulturelles, Historisches und Kurioses. Gesundheitsbewusste erfahren, warum die Kartoffel mit ihren vielen Inhaltsstoffen dem physiologischen Bedarf des Menschen hervorragend angepasst ist. Und nicht zuletzt beweisen die Rezepte – von der Hausmannskost bis zur Haute cuisine –, dass die Kartoffel noch lange nicht zum alten Eisen gehört.

Hintergrund

Hintergrund

Ein „Einwanderungsgemüse“

Die Kartoffel ist ein Geschenk indianischer Hochkulturen an die Menschheit. Jahrtausende, bevor die Kartoffel in Europa bekannt wurde, nutzten sie schon die Inka der Anden Südamerikas zwischen Peru und Bolivien – neben Mais und Bohnen – als wichtiges Nahrungsmittel.

In diesen Ländern sind noch heute Wildformen zu finden, die in ihrer Gestalt zwar unseren Kulturkartoffeln ähneln, jedoch an ihren unterirdischen Ausläufern lediglich Verdickungen und keine ausgeprägten Knollen tragen. Wie es die Ureinwohner letztlich geschafft haben, ertragreiche Kartoffelpflanzen herauszuzüchten, bleibt wohl ein Geheimnis.

Die Kartoffelpflanze erweist sich als äußerst robust. Sie wächst nämlich noch in 4000 Meter Höhe, wo der Mais dem widrigen Wetter längst seinen Tribut zollt. Wie sehr die Inka die Kartoffel schätzten, zeigt sich darin, dass dieses Volk sogar eine Kartoffelgöttin, die „Axomama“, verehrte. Die Knollen nannten sie liebevoll „papas“ und betrachteten sie als Symbole der Fruchtbarkeit. Kartoffelähnliche Tongefäße als Grabbeigaben zeugen ebenso von dieser Verehrung.

Die Wiederentdeckung der Sortenvielfalt lässt die Kartoffel in ganz neuem Licht erscheinen.

Zur Info

Gefriergetrocknete Kartoffeln

Schon vor 900 Jahren haben die Inka ein besonderes Patent entwickelt – die gefriergetrockneten Kartoffeln, die so genannten chuños.

Die Inka pflanzten die Kartoffel in den Hochebenen in Lagen bis auf 4000 Meter Höhe an. Sie setzten die rohen Knollen wiederholt der eiskalten Nacht und am nächsten Tag der prallen Sonne aus, bis sie steinhart geworden und unbegrenzt haltbar waren. Wurden die auf diese Weise gefriergetrockneten und federleicht gewordenen Kartoffeln eingeweicht, waren sie jederzeit genießbar. Diese Konservierungsmethode der Inka war ideal, um Vorräte für Notzeiten anzulegen. Man kann Kartoffeln übrigens so konserviert auch heute noch auf Märkten in Bolivien und Peru kaufen.

Namensgebung und botanische Zuordnung

Wer in den Schriften des 17. und 18. Jahrhunderts über die Kartoffel nachliest, stellt fest, dass man ihr die vielfältigsten Bezeichnungen gegeben hatte, wie Tartuffel, Erdapfel, Grundbirne oder Grumbiere, Erdartischocke oder auch Patate. Die Pflanze, von der die Kartoffel vor allem den Namen übertragen bekam, war die Batate oder Süßkartoffel. In England nannte man die Kartoffel in Anlehnung an die Batate „potato“, in Italien „tartuffoli“ (= Trüffel), woraus in Deutschland

Blühender Wildkartoffelbestand

Manche Kartoffelsorten blühen herrlich bunt, weshalb man sie früher als Zierpflanzen nutzte.

wohl der Name Kartoffel entstand. Der namhafte schwedische Botaniker Carl von Linné gab der Kartoffel 1753 den lateinischen Namen *Solanum tuberosum* (Knolliger Nachtschatten). Sie gehört mit zahlreichen anderen Nutzpflanzen wie der Tomate, Paprika, Aubergine und dem Tabak zur Familie der Nachtschattengewächse (Solanaceae).

Die krautige Kartoffelpflanze trägt gefiederte Blätter und je nach Sorte weiße, rosa bis violette Blüten.

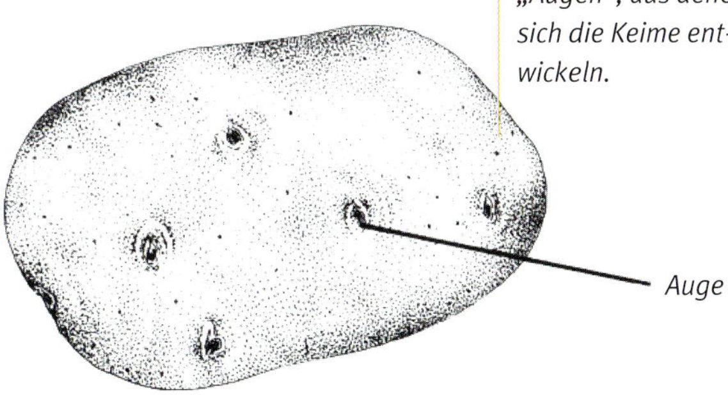

Kartoffelknolle mit „Augen“, aus denen sich die Keime entwickeln.

Die kirschgroßen Früchte mit ihren zahlreichen Samen werden lediglich in der Kartoffelzüchtung verwendet. Die vegetative Vermehrung im Feldanbau erfolgt über die Knollen. Aus den Vertiefungen in der Schale, die man „Augen“ nennt, wachsen die neuen Triebe mit kleinen Blättchen und Wurzeln.

Beim Auspflanzen der Mutterknollen entspringen an der Basis der

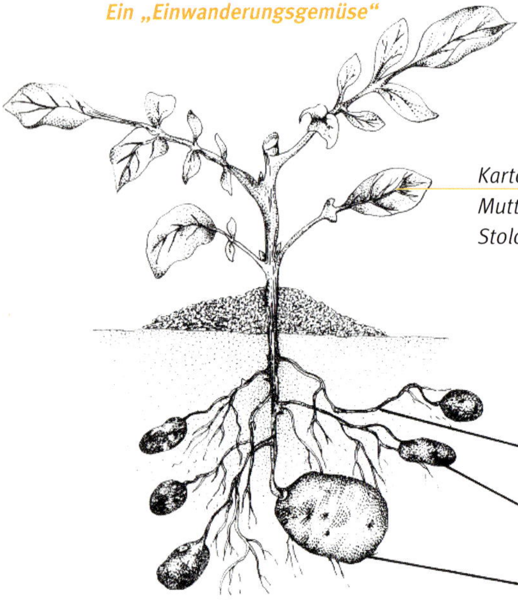

Kartoffelpflanze mit Mutterknolle und Stolonen

auskeimenden Sprosse unterirdische Ausläufer (die so genannten Stolonen), die sich an ihrem Ende zu Knollen verdicken und zu den Tochterknollen entwickeln, die wir schließlich ernten. Diese ungeschlechtliche Vermehrung bedingt, dass die Kartoffeln einer Sorte genetisch vollkommen identisch sind. Man spricht daher auch von „Klonsorten“.

Einwanderung nach Europa

Wer die Kartoffelpflanze als Erster nach Europa brachte, ist auch heute noch umstritten. War es der spanische Geschichtsschreiber und ständige Begleiter spanischer Eroberungsfeldzüge Pedro de Cieza de Léon oder der englische Seefahrer Sir Francis Drake? Gemäß einer Studie des Landes Brandenburg zur Geschichte der Kartoffel meinen manche Historiker, dass Drake auf seinen Reisen, ähnlich wie vor ihm Kolumbus, die Batate (*Ipomoea batatas*), also die Süßkartoffel, kennen gelernt hatte. Hierbei handelt es sich um ein Windengewächs, dessen Knollen aufgrund ihres süßen Geschmacks im englischen Sprachraum „Sweet Potato“ genannt werden. Anderen Quellen zufolge soll Sir Walter Raleigh als erster die Kartoffel in Irland eingeführt haben. So zeigt sich wieder einmal: Der Erfolg hat viele Väter.

Die Süßkartoffel oder Batate ist nicht verwandt mit unserer Kartoffel. Sie stammt ebenfalls aus Südamerika und wird heute weltweit als Nahrungspflanze in den Tropen und Subtropen Amerikas, Afrikas und Asiens angebaut.

Süßkartoffeln ähneln in Form und Farbe alten Kartoffelsorten.

Aufstieg zur Nutzpflanze

Die neue Kulturpflanze wurde in den Ländern Europas unterschiedlich schnell akzeptiert. In Irland wurde sie bereits 1588 angebaut. Sie bildete dort bald die Hauptnahrungsgrundlage. Als jedoch 1845 und in den Folgejahren die Kraut- und Knollenfäule nahezu die gesamte Kartoffelernte des Landes vernichtete, brach in Irland eine nationale Hungersnot aus. Historiker schätzen, dass damals etwa eine Million Menschen verhungerten und weitere 1,5 Millionen Iren in der Folge auswanderten, die meisten in die Vereinigten Staaten.

Die Iren bauten Kartoffeln schon bald in großem Stil an, da sie unter den dortigen klimatischen Bedingungen sehr gute Erträge brachten. Kartoffeln waren für breite Bevölkerungsschichten das einzige Grundnahrungsmittel.

Der Weg der Kartoffel ist im Vergleich zu anderen Exoten wie etwa Kaffee oder Tee insofern etwas Besonderes, als er nicht zuerst in den wohlhabenden Oberschichten der Gesellschaft begann und dann zur breiten Bevölkerung führte. Der Newcomer Kartoffel wurde zuerst ein Nahrungsmittel für die unteren Schichten und eroberte sich dann allmählich die „Hautevolee". Die Ursachen hierfür waren vielschichtig. Eine Rolle spielte wohl zum Teil das wenig attraktive Äußere der Knollen. Dann war da noch die lang anhaltende Furcht vor Vergiftungen, da die Kartoffel als Vertreter der Nachtschattengewächse in ihren grünen Pflanzenteilen sowie in den am Licht ergrünten Knollen und in den Beeren das giftige Alkaloid Solanin enthält. Berichten zufolge soll man aus Unkenntnis der richtigen Nutzungsweise zuerst die giftigen Beeren gegessen haben, was natürlich zu Vergiftungserscheinungen geführt hatte.

Ein weiterer Hinderungsgrund für eine schnellere Akzeptanz war offensichtlich der nicht besonders gute Geschmack der ersten „Importkartoffeln". Die Qualität der damaligen Kartoffeln war offensichtlich nicht mit der unserer heutigen Sorten zu vergleichen.

Der Extrakt aus Wurzeln und Blättern der Tollkirsche wird als krampflösendes, gefäß- und pupillenerweiterndes Mittel verwendet.

Zur Info

Nachtschattengewächse in der Medizin

Zahlreiche Vertreter der Nachtschattengewächse und somit entfernte Verwandte der Kartoffel werden als Arzneipflanzen verwendet.

Hierzu zählen Tollkirsche, Bilsenkraut, Stechapfel und Alraunwurzel. Der für diese Gattung typische Gehalt an Alkaloiden verunsicherte lange Zeit die Menschen und sorgte für Skepsis gegenüber der Kartoffel. Die Knollen unseres heutigen Sortiments enthalten in ihrer Frischsubstanz jedoch meist weniger als 10 mg pro 100 g dieser Substanzen, sodass die Gefahr einer Vergiftung auszuschließen ist.

Die ersten Exemplare hatten einen kratzigen Geschmack und verursachten sogar ein Brennen im Hals. Ein Lob gebührt daher den heutigen neuen Pflanzenzüchtungen, denen wir die geschmackliche Qualität unserer Kartoffel verdanken.

Einbürgerungsprozess in Deutschland

In der zweiten Hälfte des 16. Jahrhunderts wanderte die Kartoffel zunächst in Europa als Geschenk von Fürstenhof zu Fürstenhof und wurde dort vorwiegend als Zierpflanze und von Gelehrten aus rein akademischem Interesse in den botanischen Gärten angepflanzt. Wann die Kartoffel auch in Deutschland bekannt wurde, darüber gibt es verschiedene Angaben.

- In Breslau fand sich die erste Kartoffelpflanze 1587 in einem Apothekergarten.
- In Nürnberg tauchte sie 1588 auf, wo sie Joachim Camerarius in seinem Kräutergarten kultivierte.
- Seit 1590 existierte die Kartoffel in Hessen (Darmstadt) in den Gärten des Landgrafen Wilhelm IV., der sie direkt aus Italien erhalten hatte.
- Für Württemberg nennt der Arzt und Botaniker Johann Bauhin 1598 in seinem Buch über das neue Bad Boll (Kreis Göppingen) die Kartoffel als Bestandteil des 1596 angelegten Schlossgartens des Grafen Rudolf V. von Helfenstein in Wiesensteig (Schwäbische Alb).

König Friedrich der Große überwacht den Kartoffelanbau persönlich.

Neben den nur langsam zu überwindenden Vorurteilen gegen die neue Kultur stand dem Anbau der Kartoffel zunächst noch die damals übliche Betriebsform der deutschen Landwirtschaft entgegen: die Dreifelderwirtschaft. Im ersten Jahr wurde jeweils Wintergetreide angebaut, im zweiten Jahr säte man Sommergetreide, im dritten Jahr lag das Feld brach und man ließ das Vieh darauf weiden. Erst als man begann die Brache ackerbaulich durch Hackfrüchte zu nutzen, bekam die Kartoffel ihre Chance. Den eigentlichen Durchbruch hatte die neue Feldfrucht jedoch nur mit königlicher Hilfe geschafft.

In Brandenburg-Preußen erließ Friedrich der Große, auch der „Alte Fritz“ genannt, 1756 den geschichtsträchtigen „Kartoffelbefehl“. Er hatte den Wert dieses Nahrungsmittels für die Bevölkerung erkannt und zwang die Bauern zum Anbau der Kartoffeln. Die Einhaltung des Erlasses überwachte der König höchstpersönlich und mit Hilfe seiner Dragoner vor Ort. Nicht ganz uneigennützig war diese Aktion zu sehen, denn mit dem Ausbruch des Siebenjährigen Krieges (1756 bis 1763) sollten nicht nur für die Soldaten harte Zeiten hereinbrechen. Der feldmäßige Kartoffelanbau half auch der von den Kriegswehen betroffenen Landbevölkerung die anhaltenden Hungerperioden zu überstehen.

Mit der Zeit hatte auch noch der letzte Bauer die Vorteile der lange verschmähten Kartoffel entdeckt und sie wurde in zunehmendem Maße angebaut. Den absoluten Boom erlebte sie schließlich im 19. Jahrhundert mit der industriellen Revolution, die den Anbau durch die Entwicklung moderner Landmaschinen und entsprechender Verkehrstechniken wesentlich erleichterte.

Ein königliches Machtwort verhalf der Kartoffel 1756 zum Durchbruch. Der „Alte Fritz“ erzwang den feldmäßigen Anbau.

Sehenswertes und Kurioses rund um die Kartoffel

Kartoffelmuseum in München

Eine umfangreiche Sammlung rund um die Knolle ist im Kartoffelmuseum in München zu besichtigen. Hier werden in acht thematisch gegliederten Räumen Exponate zur geschichtsträchtigen Kultur gezeigt. Auf einem Rundgang erlebt man eine Reise durch die Geschichte der Kartoffel, angefangen von den Inka über die spanischen Eroberer bis zu König Friedrich II., dem Kartoffelpionier Preußens.

Neben zahlreichen wirklich interessanten Kartoffelabbildungen aus mehr als drei Jahrhunderten ist auch das bedeutende Werk „Kartoffelpflücker“ von Max Liebermann ausgestellt. Die beeindruckende Vielseitigkeit der unscheinbaren Knolle wird in einem besonderen Raum gepriesen. Das Multitalent zeigt sich dort in Form von Essig, Schnaps oder Kaffee, als Pudding, Kuchen oder Brot. Wer es noch nicht wusste, erfährt es spätestens auf dem Rundgang: Die Kartoffel kann auch zu Papier, Puder, Seife oder Bio-Treibstoff verarbeitet werden. Der letzte Raum des Rundgangs „Fürstenspeise und Arme-Leute-Essen“ erzählt den Besuchern von der wechselvollen Karriere dieses Nahrungsmittels.

Wer die Geschichte der Kartoffel hautnah erleben möchte, sollte auf jeden Fall einen Abstecher ins Münchner Kartoffelmuseum machen.

Freilichtmuseum in Beuren

Im Freilichtmuseum Beuren, Kreis Esslingen am Neckar, sind im originalgetreuen historischen Dorf auch jedes Jahr schöne Bauerngärten zu besichtigen. Auf kleinen Äckern werden alte deutsche Kartoffelsorten wie etwa 'Ackersegen', 'Lila Tannenzapfen', 'Edelgard', aber auch ausländische Landsorten angepflanzt. Die Museumsbesucher können das Wachstum dieser Sorten studieren und sich an den jeweiligen Reihen anhand bebilderter Täfelchen über Form und Farbe der zu erwartenden Knollen informieren.

Kartoffelfeste

Schon Tradition hat das Kartoffelfest im September auf dem idyllisch gelegenen Gestütshof St. Johann auf der Schwäbischen Alb, wo sich jährlich zwischen 5000 und 10000 Besucher auf einer „Hocketse“ im großen Stil von „Schmeck den Süden“-Wirten kulinarisch verwöhnen lassen. Diese Gruppe von Gastronomen wirbt so für die Qualität baden-württembergischer Produkte, die mit dem Siegel des Herkunfts- und Qualitätszeichens Baden-Württembergs versehen sind. Auf den Ständen der Direktvermarkter aus der Region kann man sich mit allen erdenklichen landwirtschaftlichen Produkten eindecken. Das Landwirtschaftsamt Münsingen hält an seinem Infostand Broschüren mit aktuellen Informationen und Tipps zur Verwertung und zum Nährwert der Ernteprodukte bereit, selbstverständlich auch zum Thema Kartoffel. Für die kleinen Besucher ist das Kartoffel-Wetternten von Hand jedesmal ein tolles Erlebnis.

Im ganzen Bundesgebiet feiern viele Gemeinden jährlich traditionell ihre Kartoffelfeste. In Heichelheim in Thüringen (Nähe Weimar) begeht man im September das Heichelheimer Kartoffelfest. Bei einem Besuch sollte man dort auch das Thüringer Kloßmuseum in Heichelheim besich-

Zur Info

Kartoffelveranstaltungen

Besuchszeiten und Veranstaltungsinformationen

- *Das Kartoffel-Museum, Grafinger Str. 2, 81671 München, Telefon: (089) 404050, Öffnungszeiten: Dienstag bis Donnerstag nach Vereinbarung, Freitag von 9 Uhr bis 18 Uhr, Samstag von 11 Uhr bis 17 Uhr*
- *Freilichtmuseum Beuren, In den Herbstwiesen, 72660 Beuren, Info-Telefon: (07025) 9119090, info@freilichtmuseum-beuren.de, homepage: www.freilichtmuseum-beuren.de Öffnungszeiten: Von April bis Oktober täglich (außer Montags) und an Feiertagen geöffnet von 9 Uhr bis 18 Uhr*
- *Kartoffelfest in St. Johann. Infos unter Landwirtschaftsamt Münsingen, Telefon: (07381) 180 600*
- *Heichelheimer Kartoffelfest und Thüringer Kloßmuseum. Infos über Internet unter www.klossmuseum.de Öffnungszeiten des Museums: Dienstag bis Sonntag jeweils von 11 bis 16 Uhr*
- *Kartoffelmarkt in Borgholzhausen. Infos über Internet unter www.borgholzhausen.de*

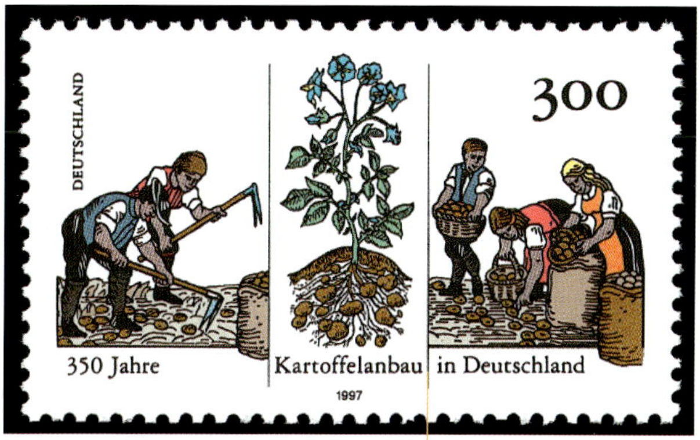

Anlässlich des 350-jährigen Jubiläums des Kartoffelanbaus in Deutschland widmete die Deutsche Post der Kartoffel eine hübsche Drei-Mark-Sammlermarke.

tigen. Der Borgholzhausener Kartoffelmarkt lockt jeweils am 3. Wochenende im September Zehntausende von Besuchern aus Ostwestfalen und dem Ruhrgebiet an, die sich von engagierten Landfrauen mit Speiseangeboten rund um die Kartoffel verwöhnen lassen.

Die Erfindung der Kartoffelchips – ein Racheakt

Ein neues Kapitel der Kartoffelgeschichte wurde 1853 in den USA geschrieben. Die Kartoffelchips tauchten erstmalig in New England als spezielle Variante der Pommes frites auf. Und zwar waren sie nicht das Produkt einer plötzlichen Eingebung, sondern einer persönlichen Kränkung.

Unsere beliebten Kartoffelchips entstanden eher zufällig als eine neue Abwandlung von Pommes frites.

Im Sommer 1853 war der Indianer George Crum als Koch in einem vornehmen Ferienhotel in Saratoga Springs (New York) beschäftigt. Auf der Speisekarte des Hotelrestaurants „Moon Lake Lodge“ standen Pommes frites, die von Crum in dicken Stäben zubereitet wurden, wie sie schon im 18. Jahrhundert in Frankreich bekannt waren.

Im „Moon Lake Lodge“ fand ein Gast des Restaurants die Pommes frites zu dick für seinen Geschmack und ließ den Teller zurückgehen. Crum machte eine neue Portion mit dünneren Stäben, doch auch diesmal reklamierte der Gast. Darüber war der Koch so aufgebracht, dass er beschloss, die Kartoffeln derart dünn zu schneiden und so knusprig zu frittieren, dass der Gast sie nicht mehr mit der Gabel aufspießen konnte. Doch statt sich jetzt erst recht zu ärgern, war der Gast höchst entzückt über die gebräunten, hauchdünnen Kartoffelscheiben.

Bald wollten auch andere Gäste Crums Kartoffelchips haben, nachdem die neue Zubereitung unter der Bezeichnung „Saratoga Chips“ als Spezialität des Hauses auf der Karte angeboten wurde. Es dauerte nicht lange, bis die Chips abgepackt und verkauft wurden, zunächst am Ort und schließlich in ganz New England. Nach einiger Zeit eröffnete Crum sein eigenes Restaurant mit Kartoffelchips als Spezialität.

Damals mussten Kartoffeln vor dem Kochen mühselig von Hand geschält und geschnitten werden. Der Erfindung der Kartoffelschälmaschine in den 1920er Jahren verdanken wir, dass aus einer seltenen Spezialität ein allgemein begehrtes Knabberzeug wurde.

Sorten und Anbau

Sorten und Anbau

Kartoffeln selbst anbauen

Wer wünscht sich das nicht – kreativ sein und dabei seine Familie mit Köstlichkeiten aus dem eigenen Garten verwöhnen? Kenner wissen es schon längst: Was für die selbst gezogenen Tomaten gilt, gilt gleichermaßen für die Kartoffeln. Sie schmecken einfach wieder wie Kartoffeln – individuell und unübertrefflich gut. Wie früher eben! Auch wer nur wenig Platz hat, sollte es zumindest mit ein paar Reihen Frühkartoffeln versuchen. Mit der Wahl der richtigen Sorte, dem richtigen Standort und der fachgerechten Pflege ist eine reiche Ernte sicher.

Klassifizierung der Kartoffelsorten

Das deutsche Speisekartoffel-Sortiment verfügt aktuell über 186 zugelassene Sorten in vier Reifegruppen und zwei Eigenschaftsgruppen, die je nach Verwendung den Speisesorten oder Wirtschaftssorten zugeordnet werden. Letztere dienen hauptsächlich der Herstellung von Kartoffelstärke und Alkohol. In beiden Gruppen finden sich auch Sorten für Veredelungszwecke, die für die Herstellung von Fertigprodukten geeignet sind.

Zur Info

Reifegruppen

Bei den Reifegruppen unterscheidet man die Kategorien der sehr frühen, frühen, mittelfrühen und mittelspäten bis sehr späten Sorten.

Die sehr frühen Sorten sind bei uns von Ende Mai bis Anfang Juli erntereif. Frühe Sorten werden von Anfang Juli bis Mitte August geerntet, mittelfrühe Kartoffeln in der Zeit von Mitte August bis Ende September. Die Reifezeit der mittelspäten bis späten Sorten liegt zwischen Mitte September und Ende Oktober.

Tipp

Frühkartoffeln werden bei uns teilweise unter Folie angebaut, sodass wir bereits Anfang Juni heimische Frühkartoffeln genießen können. Frühkartoffeln sind für den Frischverzehr gedacht und für eine längere Lagerung nicht geeignet.

Sortenanerkennung

Der Weg einer Kartoffel bis zur Anerkennung als Sorte ist sehr prüfungsreich und lang. Ob eine neue Kreuzung eines Kartoffelzüchters in die deutsche Sortenliste eingetragen wird, das heißt eine amtliche Zulassung erhält, ent-

Zum Anbau im Hausgarten eignen sich die verschiedensten Sorten.

scheidet das Bundessortenamt in Hannover auf der Grundlage des Saatgutverkehrsgesetzes.

Die Neuzüchtung muss vor allem drei Kriterien erfüllen:

- Sie muss sich von anderen Sorten unterscheiden.

- Sie muss homogen sein, das bedeutet, dass ihre Pflanzen alle gleich sind und die typischen Merkmale auch nach einer Vermehrung beständig bleiben. Dies wird in einer etwa zwei Jahre dauernden Registerprüfung im Feldanbau und im Labor vom Bundessortenamt getestet. Hat eine Züchtung diese Hürde geschafft, kann ihr Züchter einen Sortenschutz beantragen, welcher ähnlich einem Patent ein privates Schutzrecht darstellt, diese Sorte erwerbsmäßig erzeugen und das Saatgut in den Handel bringen zu dürfen.
- Eine zuzulassende Sorte muss darüber hinaus in der Gesamtheit ihrer wertbestimmenden Eigenschaften gegenüber anderen Sorten eine deutliche Verbesserung bringen, etwa im Hinblick auf Resistenz gegenüber Krankheiten, Ertragsleistung oder bessere Verarbeitungseigenschaften der Knollen, wie die Neigung zu Rohbreiverfärbung und vieles mehr. Diese Überlegenheit wird als der so genannte „landeskulturelle Wert“ bezeichnet.

Die Zentrale Markt- und Preisberichtstelle für Erzeugnisse der Land-, Forst- und Ernährungswirtschaft GmbH (ZMP) in Bonn informiert regelmäßig über den Markt der betreffenden Erzeugnisse.

Roh geriebene Kartoffeln verfärben sich unter Einwirkung von Sauerstoff mehr oder weniger stark bräunlich. Dies nennt man Rohbreiverfärbung.

Der lange Weg bis zur Zulassung kostet den Züchter zwischen einer dreiviertel und einer Million Euro. Allerdings sichert diese strenge Auswahl dem Verbraucher und Anbauer hochwertiges und gesundes Pflanzgut zu. Verfechter der Erhaltung der Sortenvielfalt halten dagegen, dass dadurch gerade die alten Sorten, die diesen hohen Anforderungen nicht mehr gerecht werden, aber über einen Reichtum an geschmacklichen Nuancen verfügen, per Gesetz vom Handel ausgeschlossen werden.

Regionale Sortenunterschiede

Obwohl eine Sorte gemäß den Zulassungskriterien bundesweit anbaubar sein muss, gibt es regionale Verschiebungen, die nicht nur mit den für die jeweilige Sorte besser geeigneten klimatischen Bedingungen zu tun haben, sondern auch mit den geschmacklichen Vorlieben der Bundesbürger. Gemäß den Zahlen der ZMP Marktbilanz 2000 bevorzugen die Deutschen im Nordwesten und in Nordrhein-Westfalen die fest kochenden Sorten, deren Marktanteil hier bei rund 63 Prozent liegt. Im Südwesten, Baden-Württemberg, Bayern, Berlin, Thüringen und Sachsen haben die vorwiegend fest kochenden Kartoffeln mit 56 bis 69 Prozent die größte Bedeutung. Die Nachfrage nach der mehligen Knolle ist mit Ausnahme bei den bayerischen „Knödelliebhabern“ besonders groß in den neuen Bundesländern. So kommt es eben, dass Sorten wie ‘Hansa’ oder ‘Linda’, beide fest kochend, große Favoriten in Norddeutschland sind, jedoch im Süden Deutschlands gänzlich unbekannt und so für den Hobbygärtner nicht als Pflanzgut im Landhandel erhältlich sind.

Von den im Bundesgebiet zugelassenen 186 Sorten (im Jahr 2000) nehmen zum Beispiel in Baden-Württemberg gerade einmal zehn Sorten etwa 80 Prozent der Vermehrungsfläche ein. Das heißt, das Angebot an Speisekartoffeln ist für den Verbraucher und Hobbygärtner regional straff konzentriert. Das muss kein Nachteil sein, weil sich diese Sorten dort jeweils im Anbau bewährt haben.

Sorten mit amtlicher Zulassung

'Berber'

Eine der frühesten Sorten mit guter Eignung zur Abdeckung mit Folie. Da sie sehr leicht keimt, der Gärtner spricht von einer hohen Keimfreudigkeit, sollte man sie sorgfältig lagern. Um das Ergrünen zu vermeiden, sollte 'Berber' hoch angehäufelt werden. Die Sorte ist vorwiegend fest kochend, hat lang-ovale Knollen mit hellgelbem Fruchtfleisch und glatter Schale.

'Berber', eine beliebte Frühkartoffelsorte

Die gute alte 'Sieglinde' ist bei vielen Hausgärtnern nach wie vor beliebt.

'Sieglinde'

Ist in Süddeutschland eine der ältesten Sorten im Hausgarten und seit 1935 im deutschen Handel zugelassen. Sie gehört zu den frühen Sorten, die allerdings einen relativ guten Boden beanspruchen. Erfahrene Anbauer wissen, dass sie auf sandigen Böden zur Eisenfleckigkeit neigt, vergleichsweise schorfanfällig und besonders anfällig gegen das Blattroll-Virus ist. Vom Kochtyp her ist sie eine fest kochende Sorte mit mittlerem Stärkegehalt, also eigentlich eine gute Salatkartoffel. Wer in seinem Garten einen humosen Boden hat, wird mit 'Sieglinde' gute Erfahrungen machen.

'Granola'

'Granola' ist eine mittelfrühe, vorwiegend fest kochende Speisekartoffelsorte, die im oberschwäbischen Hausgarten immer noch sehr geschätzt wird. Sie gilt als eine der keimruhigsten Sorten, bei der eine Vorkeimung sinnvoll ist. Darüber hinaus ist sie zusammen mit 'Secura' eine der wenigen Sorten, die den eigenen Nachbau verkraftet und nicht wie die übrigen Sor-

links: 'Granola', eine mittelfrühe Sorte mit guten Eigenschaften rechts: 'Afra', eine mittelfrühe, mehlige Sorte

ten sofort mit verstärktem Virusbefall reagiert. Auf Standorten mit ungleichmäßiger Wasserversorgung besteht die Gefahr von Zwiewuchs beziehungsweise Kettenwuchs und Eisenfleckigkeit.

'Quarta'

'Quarta' gehört zu den mittelfrühen Speisesorten. Sie ist vorwiegend fest kochend und sozusagen ein Allroundtyp. Sie lässt sich gut länger lagern. Diese Sorte hat rund-ovale, große Knollen, gelbes Fruchtfleisch und als typisches Merkmal rote Augen. Sie legt ihre Knollen sehr früh an. Da sie ausgesprochen große Knollen hat, sollte man sie etwas enger pflanzen. Die Dämme müssen dabei sorgfältig angelegt werden, um ein Ergrünen zu vermeiden. Bekanntermaßen stellt 'Quarta' relativ hohe Ansprüche an die Stickstoff- und Magnesiumversorgung. Sie ist wenig anfällig für Schorf und Eisenfleckigkeit, jedoch stark anfällig für das Blattroll-Virus, weshalb man auf jeden Fall regelmäßig das Pflanzgut wechseln sollte.

Die Sorte 'Quarta' mit großen Knollen und den typischen „roten Augen"

'Afra'

'Afra' ist die einzige baden-württembergische Kartoffelzüchtung. Sie ist sozusagen ein Kind des Züchters Heinhold aus Ulm. 'Afra' gehört zu den mittelfrühen Speisekartoffelsorten und zum mehligen Kochtyp mit guter Speisequalität. Eine Vorkeimung ist anzuraten, da diese Kartoffel über eine ausgeprägte Keimruhe verfügt und deshalb natürlich sehr gut lagerfähig ist. 'Afra' ist wie 'Granola' eine robuste Sorte, die wenig anfällig gegen Viren ist. Die Knollen sind oval und gelbfleischig mit rauer Schale.

'Secura'
Diese mittelfrühe, vorwiegend fest kochende Sorte hat sowohl in westlichen wie in östlichen Regionen ihren Marktanteil. Sie besitzt eine gelbe, glatte Schale, ovale Knollen und flache Augen. Im Ertrag ist sie eher unterdurchschnittlich, stellt jedoch auch nur mittlere Ansprüche an den Standort. Ihre Krautfäuleanfälligkeit ist als hoch einzustufen. 'Secura' lässt sich gut lagern.

'Solara'
'Solara' ist eine beliebte Sorte im Osten Deutschlands. Sie ist vorwiegend fest kochend, oval, hat eine glatte Schale und ist sehr gut lagerfähig. Sie gehört zum Sortiment der mittelfrühen Sorten mit mittleren Ansprüchen an den Standort und erreicht eine geringe bis mittlere Knollenzahl pro Pflanze. Sie ist wenig bis mittel krautfäuleanfällig und nur gering schorfanfällig.

'Linda'
'Linda' ist eine fest kochende Sorte, die in Norddeutschland sehr beliebt ist. Sie ist mittelfrüh reifend, kann eine hohe Knollenzahl erzielen, wobei vor allem in der Knollenansatzphase auf eine gute Wasserführung zu achten ist. Diese Sorte ist gering bis mittel anfällig für Krautfäule und Schorf. Ihre Keimfreudigkeit ist gering bis mittel, daher muss man das Pflanzgut vor dem Auslegen in Keimstimmung bringen.

'Cilena', eine frühe Sorte mit länglicher Knolle, ist sehr keimfreudig (siehe nebenstehende Tabelle).

'Hansa'
Eine alte deutsche Sorte der Vereinigten Saatzuchten Ebstorf und seit 1956 zugelassen. Als eine fest kochende Kartoffel mit lang-ovalen Knollen und gelbem Fleisch wird sie besonders in Norddeutschland sehr geschätzt. 'Hansa' ist mittelfrüh reifend und stellt verhältnismäßig hohe Ansprüche an den Boden. Aufgrund ihrer ausgeprägten Keimruhe lässt sie sich sehr gut lagern und sollte vor dem Auslegen vorgekeimt werden.

'Adretta'
Die „mehlige Exzellenz" ist einer der Renner auf der Brandenburger Kartoffel-Hitliste. Die mittelfrühe Speisekartoffel mit rund-ovalen Knollen und hellem Fleisch ist eine ertragreiche Sorte mit attestierten exzellenten Geschmacksnoten. 'Adretta' zeigt hohe Resistenz gegen die Blattrollkrankheit und sehr hohe Resistenz gegen den Potato Virus Y. Sie ist gut lagerfähig.

Liebhabersorten

'Ackersegen', 'Hermanns Blaue', 'Bamberger Hörnle', 'Naglerner Kipfler' und 'Reichskanzler' sind nur einige der fast vergessenen Sorten, die noch vor wenigen Jahrzehnten in deutschen Gärten standen. In dem Buch „Tartuffli" wird ein historischer Katalog anlässlich einer Kartoffelausstellung von 1875 erwähnt, in dem

Wichtige Sorten auf einen Blick

Sorte	Kochtyp	Reifezeit	Bodenfeuchte	Knollenzahl	Spezielle Eigenschaften
Atica	vorwiegend fest kochend	sehr früh, Juni bis Mitte Juli	niedrig bis mittel	mittel bis hoch	große Knollen, mittel bis hoch anfällig für Krautfäule, auf sandigen Böden anfällig für Eisenfleckigkeit, gering schorfanfällig, mittel beschädigungsempfindlich, anfällig für Y-Virus
Berber	vorwiegend fest kochend	sehr früh, Juni bis Mitte Juli	mittel	mittel	mittel bis hoch anfällig für Krautfäule, mittlere Anfälligkeit für Eisenfleckigkeit / Schorf, mittel beschädigungsempfindlich, hohe Keimfreudigkeit
Christa	vorwiegend fest kochend	sehr früh, Juni bis Mitte Juli	mittel bis hoch	mittel bis hoch	mittel bis hoch anfällig für Krautfäule, gering anfällig für Eisenfleckigkeit, gering bis mittel schorfanfällig, mittlere Beschädigungsempfindlichkeit
Cilena	fest kochend	früh, Anfang Juli bis Mitte August	mittel bis hoch	mittel bis hoch	wegen hoher Knollenzahl tiefer pflanzen (Ergrünen), gering bis mittel krautfäuleanfällig, gering anfällig für Eisenfleckigkeit und Beschädigung, mittlere Schorfanfälligkeit, sehr gute bis gute Keimfreudigkeit, knappe Erträge
Sieglinde	fest kochend	früh, Anfang Juli bis Mitte August	mittel bis hoch	hoch	mittlere Anfälligkeit für Krautfäule, mittel bis sehr anfällig gegen Eisenfleckigkeit und Schorf, besonders anfällig gegen Blattrollvirus, gute bis mittlere Keimfreudigkeit
Afra	mehlig kochend	mittelfrüh, Mitte August bis Ende September	mittel	mittel bis hoch	mittlere Krautfäuleanfälligkeit, gering bis mittel anfällig für Eisenfleckigkeit und Beschädigungen, gering schorfanfällig, sehr geringe bis geringe Keimfreudigkeit, robustere Sorte

Wichtige Sorten auf einen Blick

Sorte	Kochtyp	Reifezeit	Bodenfeuchte	Knollenzahl	Spezielle Eigenschaften
Granola	vorwiegend fest kochend	mittelfrüh, Mitte August bis Ende September	mittel	hoch	gering bis mittel krautfäuleanfällig, mittel bis sehr anfällig für Eisenfleckigkeit, gering schorfanfällig, sehr geringe Keimfreudigkeit, robuste Sorte
Nicola	fest kochend	mittelfrüh, Mitte August bis Ende September	mittel	hoch	bundesweit beliebt, große Knollen, nur schalenfest ernten (Lagerfäule), gering bis mittel krautfäuleanfällig, mittel bis sehr anfällig für Eisenfleckigkeit, gering schorfanfällig, mittlere Keimfreudigkeit
Quarta	vorwiegend fest kochend	mittelfrüh, Mitte August bis Ende September	mittel	mittel	niedrige bis mittlere Anfälligkeit für Krautfäule, gering anfällig für Eisenfleckigkeit und Schorf, sehr geringe bis geringe Keimfreudigkeit
Secura	vorwiegend fest kochend	mittelfrüh, Mitte August bis Ende September	mittel	mittel	bundesweit große Bedeutung, ovale Knolle, gelbes Fleisch, reift früh ab, Ertrag unterdurchschnittlich, mittel bis sehr krautfäuleanfällig, geringe Eisenfleckigkeit, gering bis mittel schorfempfindlich, geringe Keimfreudigkeit, anfällig für Blattrollvirus
Selma	fest kochend	mittelfrüh, Mitte August bis Ende September	niedrig bis mittel	mittel	süddeutsche Regionalsorte, liebt mittlere bis humose Böden, gering bis mittel kraut- fäule- und schorfanfällig, geringe Keimfreudigkeit, Vorkeimen empfehlenswert, sehr stark virusanfällig, Pflanzgutwechsel empfehlenswert

Wichtige Sorten auf einen Blick

Sorte	Kochtyp	Reifezeit	Bodenfeuchte	Knollenzahl	Spezielle Eigenschaften
Adretta	mehlig kochend	mittelfrüh, Mitte August bis Ende September	mittel	hoch	beliebte Sorte in Ostdeutschland, mittlere bis hohe Erträge, hohe Resistenz gegen Blattroll- und sehr hohe Resistenz gegen Potato-Virus Y, gut lagerfähig
Hansa	fest kochend	mittelfrüh, Mitte August bis Ende September	hoch	relativ hoch	alte Sorte Norddeutschlands, ausgeprägte Keimruhe, daher Vorkeimen erforderlich
Linda	fest kochend	mittelfrüh bis spät, Mitte August bis Oktober	mittel	hoch	hoher Beliebtheitsgrad im Norden Deutschlands, hohe Knollenzahl, gering bis mittlere Krautfäule- und Schorfanfälligkeit, ausgeprägte Keimruhe, daher vorkeimen, sehr gute Lagerfähigkeit
Solara	vorwiegend fest kochend	mittelfrüh, Mitte August bis Ende September	mittel	gering bis mittel	sehr beliebt in Ostdeutschland, gering bis mittel krautfäuleanfällig, gering schorfanfällig

noch über 600 verschiedene Sorten verzeichnet waren. Diese sahen ihren Ahnen aus Südamerika durchaus noch ähnlich und waren sehr vielfältig in Bezug auf Form und Wuchs. Dieser großen genetischen Vielfalt, insbesondere im Hinblick auf unterschiedlich starke Resistenzen gegenüber den einzelnen Krankheiten, wurde Mitte des 19. Jahrhunderts wohl nicht sehr viel Wert beigemessen.

'Nicola' ist eine mittelfrühe Sorte (siehe Tabelle S. 24).

Die Sorte 'Selma' ist eine beliebte Salatkartoffelsorte im süddeutschen Raum (siehe Tabelle S. 24).

In Irland baute man zum Beispiel hauptsächlich eine Sorte an, und zwar die 'Sherry Blue', die offensichtlich sehr krautfäuleanfällig war, sodass es in den Jahren zwischen 1845 und 1848 zu einer Krautfäule-Epidemie und dadurch zu tragischen Hungersnöten kam.

Die Züchtung legte in der Folge neben einer einheitlichen, gut zu verarbeitenden Form nun vermehrten Wert auf Resistenzen gegenüber *Phytophthora infestans,* dem Kraut- und Knollefäule-Erreger. Glücklicherweise blieben dennoch einige der alten Sorten erhalten. In den vergangenen Jahren ist ein regelrechter Liebhaberanbau entstanden, in dessen Rahmen kulturbewusste Landwirte diese aussortierten Sorten kultivieren und vermehren. Es wurde sogar ein „Verein zur Erhaltung der Nutzpflanzenvielfalt", kurz VEN (Adresse im Anhang), gegründet, der an gärtnerisch Interessierte „Kartoffel-Patenschaften" vergibt. Hierbei sollen unter anderem auch alte Kartoffelsorten in Hausgärten angepflanzt werden, um das Kulturgut zu erhalten und Erfahrungen im Anbau auszutauschen.

Die Erfahrungen im gärtnerischen Anbau mit diesen Sorten sind nicht mehr sehr groß. Ein Überblick über die Besonderheiten der im Liebhaberanbau befindlichen Sorten wie Knollenform, Geschmack und Wuchsverhalten sind in nebenstehender Tabelle zusammengefasst.

Die richtige Adresse für den Kauf von alten Sorten

Hobbygärtner, die Spaß am Experimentieren haben und diese alten Sorten im eigenen Garten anbauen möchten, sind bei Karsten Ellenberg, einem engagierten Landwirt aus Barum, Kreis Velzen, südlich von Lüneburg, an der richtigen Adresse. Er baut diese Sorten seit 1996 auf seinem Biolandhof an und testet, wie sie im biologischen Anbau einen annehmbaren Ertrag bringen können.

Schließlich wurden diese Kartoffeln vor 100 Jahren nur auf einfachste Weise kultiviert. Selbstverständlich ist Ellenberg auch von der Vielfalt der Geschmacksrichtungen fasziniert, die von

'Ackersegen', eine alte Sorte

Alte Sorten aus dem In- und Ausland im Überblick

Sorte	Kochtyp	Beschreibung	Geschmack	Anbauverhalten
Bamberger Hörnle	fest kochend	Deutschland um 1870, gelbrosa Schale, gelbes Fleisch, Knolle hörnchenförmig	sehr gut, würzig, buttrig	spät reifend, robust
Naglerner Kipferl	fest kochend	Österreich 1956, gelbe Schale, gelbes Fleisch, hörnchenförmig	sehr gut, buttrig, würzig	mittelfrüh reifend, empfindlich im Anbau
Odenwälder Blaue	mehlig kochend	Deutschland 1908, rund, lila Schale, gelbes Fleisch, blassblaue Blüten	angenehm kräftig	mittelfrüh reifend, nicht robust, krautfäuleanfällig
Hermanns Blaue	fest kochend	Deutschland, blaue Schale, blaues Fleisch, rundoval	gut, kräftig	mittelfrüh reifend, normaler Wuchs
Rosa Tannenzapfen (Pink Fire Apple)	fest kochend	England und Deutschland um 1850, rosa Schale, gelbes Fleisch, verwachsene Knollen nur für Pellkartoffeln geeignet	sehr gut, würzig	spät austreibend, kurze Stolonen, robust
Industrie	vorwiegend fest kochend	Deutschland 1900, gelbe Schale, gelbes Fleisch, runde Knollen	cremig	spät reifend, ertragreich
Reichskanzler	mehlig kochend	Deutschland 1885, rosa Schale, weißes Fleisch	kräftig	spät reifend, robust
Roseval	fest kochend	Frankreich 1950, länglich bis oval, rote Schale, gelbes Fleisch	gut, cremig	mittelspät reifend, ertragreich
Vitelotte	fest kochend	in Frankreich noch zugelassene Sorte, länglich bis oval, tiefe Augen, Schale und Fleisch dunkelblau	leicht erdig, herb	mittelspät, wärmebedürftig, üppiges Kraut, ertragsschwach
La Ratte	fest kochend	Frankreich 1871, hörnchenförmig, Schale und Fleisch gelb	sehr gut, würzig	mittelfrüh reifend, mittlerer Ertrag, niedrige Pflanzen, empfindlich
Ackersegen	mehlig kochend	Deutschland 1929, rund, Schale und Fleisch gelb	sehr gut, cremig	spät reifend, ertragreich
Highland Burgundy Red	mehlig kochend	Schottland, erstmals 1936 erwähnt, längliche Knolle, Schale und Fleisch rot	leicht süßlich, angenehm mild	urtümlicher Wuchs, niedrige Erträge

würzig, buttrig, cremig bis erdig reichen. Er hat sich zum Ziel gesetzt, dass der Verbraucher in Zukunft wieder in den Genuss dieser beinah vergessenen Geschmackserlebnisse kommt. Deshalb arbeitet er an der Züchtung einer eigenen Sorte. Im Vordergrund stehen für ihn dabei der Geschmack, die schöne Formgebung und die Eignung für den Ökoanbau. Bei seiner züchterischen Arbeit kreuzt Karsten Ellenberg alte Sorten mit neuen Sorten sowie Wildkartoffeln mit bestimmten Resistenzmerkmalen oder ausgefallenen ausländischen Sorten, die eine interessante Fleischfarbe haben. Auch hat Ellenberg beobachtet, wie aus Beständen, die sich unter Einwirkung der natürlichen Umweltfaktoren selbst befruchteten, Sämlinge entstanden sind, die Varianten mit hervorragenden Eigenschaften darstellen. Solche Sämlinge und seine Kreuzungen testet er bereits im ökologischen Anbau, um den Markt vielleicht irgendwann mit einer echten Neuheit zu überraschen.

In seinem Hofladen und über einen eigens dazu eingerichteten Versandhandel sind diese Speisekartoffel-Spezialitäten in kleinen Mengen zu kaufen. Das Ausgangsmaterial seiner alten Sorten bezieht Karsten Ellenberg übrigens von Genbanken in Groß Lüsewitz oder Edinburgh (Schottland), wo seit Jahrzehnten tausende Sorten archiviert werden. Seine Knollen sind so größtenteils virusfrei und zum anderen auch sortenecht, das heißt, es kommt mit Sicherheit zu keiner Sortenverwechslung.

Wer sich auf ein besonderes Gourmet-Vergnügen einlassen möchte, kann diese Sorten auch „knollenweise" bestellen und seine Gäste mit längst vergessenen Kartoffelgenüssen verwöhnen (Bezugsquellen siehe Anhang).

Kartoffelanbau planen

Wer plant, einen Nutzgarten neu anzulegen, liegt mit der Wahl der Kartoffel richtig. Sie wächst nahezu auf jedem Boden und leistet hier echte Pionierarbeit. Im Sprachge-

Die schönsten alten Sorten auf einen Blick. Von oben nach unten: 'Odenwälder Blaue', 'Bamberger Hörnle', 'Hermanns Blaue', 'Highland Burgundy Red', 'La Ralle'

Im Hofladen des Biolandhofs Ellenberg erhält der Verbraucher seine Kartoffeln direkt vom Erzeuger.

brauch der Pflanzenbaulehre gehört sie zu den „garefördernden“ Pflanzen. Das bedeutet, dass sie wegen der starken Durchwurzelung des Bodens für eine gute Krümelstruktur sorgt. Die Kartoffel gehört außerdem zu den Hackfrüchten, für deren optimales Gedeihen es wichtig ist, dass die Beete unkrautfrei gehalten werden. Durch das Hacken des Unkrautes wird als willkommener Nebeneffekt eine weitere Lockerung des Bodens erreicht. Man kann tatsächlich sagen, dass die Kartoffel auf diese Weise den Standort sehr gut für den weiteren Anbau mit den verschiedensten Kulturen vorbereitet.

Kartoffelpflanzen sind relativ anspruchslos und verbessern die Bodenstruktur.

Der richtige Standort

Die Kartoffel stellt an Klima und Boden verhältnismäßig geringe Ansprüche. Dennoch gedeiht sie am besten auf milden oder sandigen Lehmböden und mittleren Sandböden. Diese haben eine ausreichend gute Durchlässigkeit, sind krümelig, verfügen über genügend Wasser und erwärmen sich leicht. Die Kartoffel wächst auch gut auf schweren Böden, wenn sie nicht zu feucht sind. Lediglich auf schweren, tonigen Böden, die zu Verdichtungen und Staunässe neigen, gedeiht die Kartoffel weniger gut und wird unter Umständen häufiger von Krankheiten befallen. Im Herbst kann hier auch die Ernte erschwert sein, da der Boden unter Umständen durch nicht abfließende Niederschläge schmiert.

Die Kartoffel reagiert wenig empfindlich auf den Reaktionszustand des Bodens. Der pH-Wert (Säurewertzahl) sollte im Bereich zwischen 4,5 und 7,5 liegen. Wie aus der Tabelle hervorgeht, liegt der Neutralbereich bei pH 7. Ein Boden ist zunehmend saurer, je niedriger sein pH-Wert ist. Alkalische oder basische Böden haben pH-Werte über 7. Tendenziell sind milde lehmige Böden schwach sauer (pH 6), sandige Böden werden meist

Säuregrad des Bodens (pH-Wert)

pH-Wert	**Bodenreaktion**
unter 3	*extrem sauer*
3 bis 4	*sehr stark sauer*
4 bis 5	*stark sauer*
5 bis 6	*mäßig sauer*
6 bis 7	*schwach sauer*
7	*neutral*
7 bis 8	*schwach alkalisch*
8 bis 9	*stark alkalisch*
über 9	*extrem alkalisch*

Blick auf einen Kartoffelacker mit geschlossenen Reihen

etwas saurer sein. Tonige Böden sind tendenziell neutral bis schwach alkalisch (pH 7 bis 8).

Klimatische Ansprüche

In Bezug auf das Klima besitzt die Kartoffel eine erstaunliche Anpassungsfähigkeit. Frost und Hitze sind die einzigen klimatischen Grenzen für ihren Anbau. Unsere Kulturkartoffeln sind recht frostempfindlich. Das Laub leidet bereits bei 0 °C und erfriert bei -1 °C . Die Temperaturanforderungen sind vor allem durch die zur Keimung notwendigen Temperaturen gekennzeichnet. Die Kartoffel benötigt Bodentemperaturen zwischen 8 und 10 °C, wenn die Keimung der Knolle im Boden stattfinden soll. Eine Knollenbildung vollzieht sich im Boden bei Temperaturen zwischen 13 und 26 °C. Allerdings wird die Knollenanlage bei lang anhaltend hohen Temperaturen eingeschränkt.

In der Zeit vom Sichtbarwerden der Triebe über der Erde bis zur vollen Entwicklung des Krautes reagiert die Kartoffel empfindlich auf Wassermangel. Besonders von der Blüte an ist eine gleichmäßige Wasserversorgung nötig, die man in niederschlagsarmen Jahren durch vermehrtes Gießen gewährleisten kann.

Mehr als drei Jahre sollten Kartoffeln aber nicht an derselben Stelle stehen. Gute Vorfrüchte sind Leguminosen, wie etwa Erbsen oder Bohnen. Sie reichern durch Knöllchenbakterien an ihren Wurzeln die Erde mit Stickstoff an, wenn man ihre Wurzelreste nach der Ernte in den Boden einarbeitet.

Fruchtfolge

Als Fruchfolge bezeichnet man die Reihenfolge der Pflanzen an einem Standort. Die Kartoffel kann nach jeder Frucht angepflanzt werden. Vorsicht ist beim gleichzeitigen Anbau von Tomaten geboten. Diese können, wie die Kartoffel, von dem Pilz *Phytophthora infestans* befallen werden, der bei der Kartoffel die Kraut- und Knollenfäule und bei der Tomate die Kraut- und Braunfäule hervorruft. Um bei Befall eine gegenseitige Ansteckung zu vermeiden, sollte ein gebührender Abstand zwischen den Kulturen gehalten werden. Die Kartoffel gilt als selbstverträglich, das heißt, sie kann drei Jahre nacheinander auf dem gleichen Platz angebaut werden. Nach dem Anbau von Frühkartoffeln können zum Beispiel Sommersalate, Grünkohl, Rosenkohl und Chinakohl angepflanzt werden. Nach spät reifenden Kartoffeln folgen Gemüsearten mit kurzen Vegetationszeiten wie Feldsalat, Winterportulak oder Gartenmelde.

Pflanzgut

Es ist ratsam jedes Jahr das Pflanzgut zu wechseln, da bei der Wiederverwendung der eigenen Knollen vermehrt Viruskrankheiten auftreten. Man spricht dabei von den so genannten „Abbaukrankheiten“ der Kartoffel, da mit jedem Jahr die Anfälligkeit für diese Kartoffelkrankheiten steigt. Neuere Untersuchungen aus dem Jahr 2001 des Saatbauamtes Donaueschingen zeigten, dass von Viren befallene Knollen nur noch etwa die Hälfte des Ertrages im Vergleich zu gesunden Knollen erbringen.

Ein Pflanzgutwechsel ist unbedingt erforderlich. Beim Anbau der zugelassenen Sorten sollte man jeweils Saatgut aus dem Landhandel verwenden.

Beim Anbau einer alten Sorte, deren Saatgut lediglich in Kleinstmengen über bestimmte Anbauer zu beziehen ist, muss man vielleicht eigene Knollen nachbauen. Dann sollte man sich vor der Ernte im Bestand gesunde, gut wachsende Stauden markieren, deren Knollen man dann eigens für den Nachbau aussondert. Besonderes Augenmerk sollte man darauf legen, dass die Stauden keine Symptome von Viruserkrankungen, wie zum Beispiel Blattrollen oder Mosaik (siehe Abschnitt Krankheiten der Kartoffel ab Seite 43) zeigen.

■ Vermehrung

Vermehrung durch Stecklinge

Wer größere Mengen der echten Raritäten unter den Kartoffeln anbauen möchte, hat sicher schon einmal über andere Möglichkeiten der Vermehrung nachgedacht. Kartoffeln lassen sich nämlich auch durch Kopfstecklinge vermehren. Hierzu pflanzt man gesunde Knollen im Frühjahr aus und

Nach Frühkartoffeln sind Sommersalate gut als Nachfrucht geeignet.

Aus der eigenen Nachzucht über Sämlinge erhält man virusfreies Pflanzgut.

Vermehrung durch Stecklinge oder Samen ist bei der Kartoffel auch für den Anfänger problemlos zu meistern.

wartet, bis sich kräftige Stauden entwickelt haben. Dann werden mit einem Messer Kopfstecklinge in einer Länge von etwa 10 cm abgeschnitten, wobei die unteren Blätter abgetrennt werden. Die Sprosse werden vereinzelt in kleine Töpfe mit Anzuchterde gepflanzt. Die Töpfe werden in einen Raum mit einer Temperatur von 18 bis 20 °C gestellt. Die Sprosse sollten nur mäßig gegossen werden, damit es nicht zu Fäulnisbildung kommt. Innerhalb von 14 Tagen hat sich ein Wurzelballen entwickelt und die kleinen Pflanzen können ins Freiland ausgepflanzt werden.

Vermehrung durch Samen

Bei der Anzucht aus Samen geht der Hobbygärtner ähnlich vor wie bei Tomaten. Aus den weichen Beeren, die die Kartoffelpflanzen nach dem Verblühen bilden, werden die Samen gewonnen, getrocknet und anschließend bis zur Aussaat in Papiertütchen kühl aufbewahrt. Ab Februar sät man in mit Anzuchterde gefüllte Blumentöpfe aus und wässert sie vorsichtig. Nachdem sich die ersten Blättchen entwickelt haben, vereinzelt man in größere Töpfe und lässt die Pflänzchen bei Temperaturen zwischen 15 und 18 °C heranwachsen. Nach den Eisheiligen (12. bis 15. Mai) kann ins Freiland ausgepflanzt werden. Auf diesem Wege erhält man auf jeden Fall virusfreies Material.

Vorbereitung des Pflanzgutes

Mitte März sollte man an das Vorbereiten des Pflanzgutes denken. Das Vorkeimen empfiehlt sich besonders bei Sorten mit ausgeprägter Keimruhe wie zum Beispiel ‘Selma’ und ‘Granola’. Um eine rasche Startentwicklung nach dem Auspflanzen zu gewährleisten, sollten die Kartoffelknollen drei bis vier Wochen vor dem Pflanzen vorgekeimt werden. Diese Methode des Vorkeimens wird auch im ökologischen Anbau praktiziert. Hierzu wählt man einen hellen Ort, ohne direkte Sonneneinstrahlung,

Vorgekeimte Kartoffeln ermöglichen ein gutes Startwachstum.

mit Temperaturen zwischen 12 und 15 °C. Die Knollen werden hierfür in flache Kisten auf den Nabel gestellt, sodass die meisten Augen nach oben weisen. Nach etwa drei bis vier Wochen haben sich kurze, kräftige Keime von etwa 1,5 bis 2,5 cm Länge entwickelt. Durch das Vorkeimen kann etwa zwei Wochen früher ausgepflanzt werden, da vorgekeimte Knollen bereits bei niedrigeren Bodentemperaturen weiter wachsen können. Dies führt im Mittel zu einer um drei Wochen früheren Ernte und einer besseren Ausreife der Kartoffeln.

Als Nabel wird das untere Ende der Kartoffel bezeichnet, wo die Stärkekonzentration am höchsten ist. Die meisten Augen befinden sich im oberen Bereich Richtung Kronenende.

Tipp

Die Arbeit des Vorkeimens wird belohnt.

Die vorgekeimten Knollen laufen etwa 14 Tage früher auf. Durch diesen Entwicklungsvorsprung entwachsen sie leichter einem Befall mit dem Pilz Rhizoctonia solani, dem so genannten Wurzeltöter, sodass es zu weniger Fehlstellen oder Kümmerern kommt.

Pflanztermin

Voraussetzung für ein schnelles Auflaufen, das heißt für die Bildung von Stängel und Kraut, ist eine ausreichende Bodenerwärmung, die mit wenigen Ausnahmen in typischen Frühkartoffellagen kaum vor Mitte bis Ende April gegeben sein dürfte. Der Zeitpunkt des Pflanzens wird wesentlich von der Bodentemperatur und der Keimvorbereitung der Knollen bestimmt. Die Kartoffel benötigt für die Keimung im Boden Temperaturen von mindestens 8 bis 10 °C. Da diese jedoch erst relativ spät im Frühjahr erreicht werden, lägen nicht vorbehandelte Kartoffeln in der Regel vier bis sechs Wochen bis zum Auflaufen untätig im Boden. Je länger aber die Kartoffel ungekeimt im Boden liegt, umso mehr ist sie Pilzsporen und bakteriellen Erregern ausgesetzt.

Vorgekeimtes Pflanzgut, das problemlos früher ausgelegt werden kann, ermöglicht eine ausreichend lange Wachstumszeit, in der die Pflanzen genügend Zeit für den Knollenansatz und die Stärkeeinlagerung finden. Je nach Lage des Standortes ist der Pflanztermin demnach zeitlich zwischen Mitte April und Anfang Mai anzusiedeln. Weil das Kraut sehr frostempfindlich ist, wird in durch Spätfrost gefährdeten Lagen erfahrungsgemäß später gepflanzt.

Um zu verhindern, dass bereits gepflanzte Kartoffeln dennoch durch

Durch das Abdecken mit Folie werden die Kartoffeln vor Frösten geschützt.

Eine Folienabdeckung zum Schutz vor Nacht- und Spätfrösten gewährleistet eine gute Entwicklung der Pflanzen.

unerwartete Fröste geschädigt werden, kann man die Beete mit einer perforierten Folie abdecken. Diese schützt nicht nur vor Nachtfrost, sondern beschleunigt das Wachstum der Pflanzen durch die höheren Temperaturen unter der Folie. Nach Abklingen der Nachtfröste kann die Abdeckung der Beete entfernt werden. Diese Maßnahme ist auch ideal, wenn man sich für den Anbau von Frühkartoffeln entscheidet. Diese benötigen nämlich für eine zeitige Entwicklung in besonderem Maße einen warmen Boden.

Pflanzung

Kartoffeln werden in Erddämme gepflanzt. Hierzu wird die Erde mit einer Hacke etwa 20 cm hoch angehäufelt. Im Abstand von 35 bis 40 cm werden mit einer Pflanzschaufel die Pflanzlöcher ausgehoben. Die Knollen legt man ungefähr 10 cm tief aus und deckt sie anschließend vorsichtig mit Erde zu. Ein Abstand von 65 cm zwischen den Dämmen sollte eingehalten werden, damit man bequem zwischen den Beeten hindurchgehen kann.

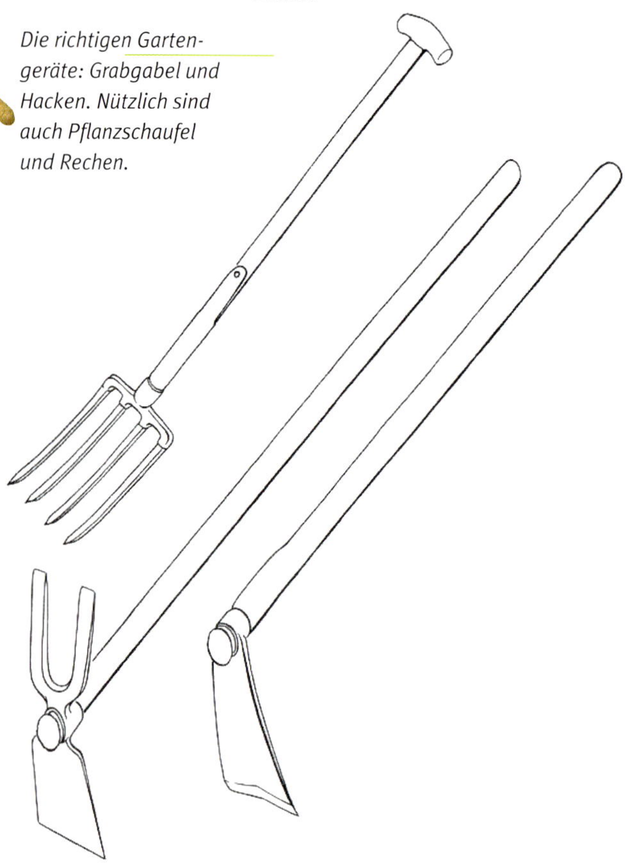

Die richtigen Gartengeräte: Grabgabel und Hacken. Nützlich sind auch Pflanzschaufel und Rechen.

Zur Info

Anbau auf schweren Böden

Auf schweren Böden sollten die Dämme bereits im Herbst gezogen werden.

Für ein gutes Startwachstum nach der Pflanzung ist es wichtig, dass der Boden abgetrocknet ist und sich leicht erwärmen kann. Dies erreicht man auf schweren Böden, die oft im zeitigen Frühjahr noch kalt und nass sind, indem man die Kartoffeldämme schon im Herbst anlegt. Die Dämme bieten dem Frost eine größere Oberfläche, werden dadurch im Verlauf des Winters aufgebrochen und erlangen so eine krümeligere Struktur. Durch ihre Exposition zur Sonne erwärmen sie sich besser als der flache Boden und sind bei der Pflanzung im Frühjahr bereits trockener und wärmer. Erfahrungswerte auf solchen Standorten zeigen, dass durch die Dammbildung im Herbst die Pflanzung um sechs bis zehn Tage vorverlegt werden kann.

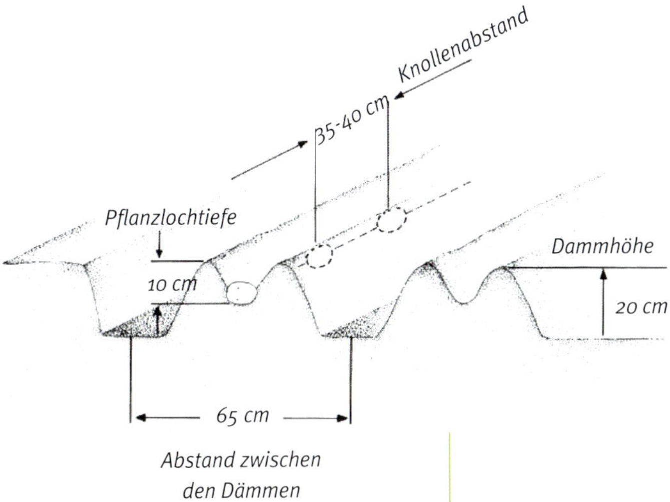

Fachgerechtes Anlegen von Kartoffeldämmen

Auf leichteren Böden kann man die Kartoffeln flach in gezogenen Furchen auspflanzen. Dazu zieht man mit einer Hacke etwa 5 cm tiefe Furchen und legt die Knollen mit dem Keim nach oben im Abstand von 35 bis 40 cm zueinander aus.

Das Pflanzgut wird schließlich mit Hilfe eines Rechens oder einer Hacke mit einem niedrigen Erddamm (5 cm) bedeckt. Der Abstand zwischen den Reihen sollte ebenfalls etwa 65 cm betragen. Der mittlere Bedarf an Pflanzgut liegt bei vier bis fünf Knollen je Quadratmeter oder 25 bis 30 kg pro Ar (= 100 m^2).

Vorgekeimte Knollen werden in Dämmen ausgelegt.

Wachstumsverlauf der Kartoffel

Um möglichst viele Knollen ernten zu können, ist es wichtig, dass die Blätter möglichst lange gesund bleiben. Das normale Altern der Staude beginnt mit dem Vergilben der Unterblätter und endet damit, dass der Stängel abstirbt. Der Knollenansatz beginnt schon sehr früh, je nach Sorte etwa fünf bis 20 Tage vor der Blüte und ist oft schon bei Blühbeginn abgeschlossen.

Die Zeit, die die Kartoffel von der Auspflanzung bis zur Ernte benötigt, die so genannte Vegetationsdauer, hängt eng mit der Kartoffelsorte zusammen. Nach der Länge der Vegetationsdauer unterscheidet man frühe Sorten, mittelfrühe und späte Sorten. Frühe Sorten können bereits nach 90 Tagen erntereif sein, wenn sie früh gepflanzt und zu Beginn mit Folie abgedeckt wurden. Sie erreichen die Genussreife schon vor dem Absterben des Krautes, sodass man bereits ab Juni ernten kann. Für alle übrigen Sorten gilt: Der beste Reife- und Haltbarkeitsgrad ist erst kurz nach dem natürlichen Absterben des Krautes gegeben. Die späten Sorten können bis zur Erntereife 160 Tage benötigen.

Entwicklungsstadien im Kartoffelbau

Kennziffer der Stadien	Entwicklungsstadien nach dem Auspflanzen
I	Keimung
II	Auflaufen der Pflanzen
III	Blatt- und Stängelausbildung
IV	Längenwachstum der Pflanzen
V	Schließen des Bestandes (gegenüberliegende Pflanzen berühren sich)
VI	Knospenbildung
VII	Blüte
VIII	Ausbildung der Beeren
IX	Allmähliches Vergilben der Pflanzen bis zum völligen Absterben
X	Reife der Knollen, Knollen sind schalenfest und lösen sich leicht von den Stolonen

Pflege

Das Kartoffelbeet sollte durch zwei- bis dreimaliges Hacken unkrautfrei gehalten werden. Das muss vorsichtig geschehen, damit die Wurzeln der Pflanzen nicht beschädigt werden. Bei einer Krauthöhe von etwa 15 bis 20 cm muss mit dem Anhäufeln der Pflanzen begonnen werden, damit die heranwachsenden Knollen durch das Sonnenlicht, welches durch im Boden entstandene Risse einfällt, nicht ergrünen und nicht das giftige Solanin bilden. Durch das Anhäufeln lockerer Erde um den unteren Stängelteil wird die Bildung von zusätzlichen Seitenwurzeln und Stolonen angeregt, die wiederum neue Knollen bilden. Dieser Vorgang wird in der Regel zweimal in kurzen Abständen wiederholt. In sehr trockenen Perioden muss für ausreichend Wasser gesorgt werden.

In den grün gewordenen Bereichen bildet sich der Giftstoff Solanin, der auch durch Kochen nicht zerstört wird. Daher müssen alle grünen Stellen vor dem Verzehr abgeschnitten werden.

Düngung

Wer noch vor dem Anbau der Kartoffelpflanzen genaue Informationen über die Nährstoffvorräte in seinem Gartenboden haben möchte, kann bei einem Labor einer landwirtschaftlichen Untersuchungsanstalt seiner Region eine Bodenuntersuchung durchführen lassen (Adresse im Anhang). Eine Standardbodenuntersuchung ermittelt die Werte für die Hauptnährstoffe Phosphat und Kalium. Wer weitere Informationen über den Nährstoffgehalt haben möchte, wie etwa über die Menge des Magnesiums, muss dies einfach auf den vorbereiteten Formularen ankreuzen. Auf Wunsch wird auch eine Düngungsempfehlung gegeben.

Im Zuge einer Standard-Bodenanalyse erhält man schließlich einen so genannten Gartenpass, der den Boden auf Grund seiner Gehalte an Phosphat und Kalium einer bestimmten Klasse zuordnet. Man unterscheidet:

- Klasse A mit niedrigem Versorgungszustand: Die Werte für Phosphat und Kalium liegen jeweils unter 15 mg pro 100 g Boden.
- Klasse C mit ausreichendem Versorgungszustand: Die Werte für Phosphat und Kalium liegen jeweils zwischen 15 und 25 mg pro 100 g Boden.
- Klasse E mit hohem Versorgungszustand: Die Werte für Phosphat und Kalium liegen jeweils über 25 mg pro 100 g Boden.

Als Kali werden allgemein Kalisalze und Kalidüngemittel bezeichnet. In Kalidünger liegt das Nährstoffelement Kalium in Form von aufnehmbaren positiv geladenen Ionen vor.

In Hausgärten, die bereits gärtnerisch genutzt und dabei regelmäßig mit Kompost versorgt wurden, muss verhältnismäßig wenig zugedüngt werden. Gemäß den Merkblättern für die Düngung von Gemüse im Hausgarten der Fachhochschule Weihenstephan von 2001, die man über das Internet abrufen kann (Adresse im Anhang), sind für Gartenböden grundsätzlich folgende Nährstoffgehalte anzustreben:

- 15 bis 25 mg Phosphat (P_2O_5)
- 15 bis 25 mg Kalium (in Form von K_2O)
- 10 bis 15 mg Magnesium (in Form von MgO)

jeweils pro 100 g Boden.

Bei diesen Werten ist die Versorgung der Pflanzen sichergestellt. Gesteigerte Düngergaben bringen keine höheren Erträge, sondern können die Qualität der Kartoffel verschlechtern. Anzustrebende Werte an pflanzenverfügbarem Stickstoff (N) werden bei einer Empfehlung nicht angegeben, da sich die Gehalte im Boden sehr schnell verändern können. Stickstoffverbindungen werden vom Boden kaum gespeichert und damit schnell ausgewaschen. Bei langjähriger Kompost-

Düngungsempfehlungen für Kartoffeln auf Böden der Klasse C (ausreichend versorgt mit Phosphat und Kali)

Nährstoff	Bei Kompostdüngung	Ohne Kompostdüngung
Phosphat	bei 2 bis 4 l Kompost/m² keine weitere Phosphatdüngung	4 bis 8 g Phosphat/m²
Kali	10 bis 20 g Kali/m²	15 bis 30 g Kali/m²
Stickstoff	nach langjähriger Kompostanwendung 5 bis 10 g Stickstoff/m²	ohne Kompost bzw. in den ersten Jahren der Kompostanwendung 10 bis 15 g Stickstoff/m²

anwendung kann man davon ausgehen, dass organisch gebundener Stickstoff nach und nach im Boden in für die Kartoffeln aufnehmbaren Stickstoffformen vorliegt.

Anhand des Beispiels aus der Tabelle wird deutlich, dass durch die Anwendung von Kompost in der Regel kein weiterer Zusatz von Phosphat erforderlich ist. Mit einer geringen Gabe von 10 bis 20 g Kali/m² kann man seine Kartoffeln optimal versorgen. Eine verhaltene Stickstoffgabe von 5 bis 10 g/m² ist erst nach langjähriger Kompostanwendung erforderlich. Hat man keinen Kompost zur Verfügung, wird empfohlen diesen Boden mit 4 bis 8 g Phosphat/m² und 15 bis 30 g Kali/m² zu düngen. Bei langjähriger Kompostanwendung werden 5 bis 10 g Stickstoff gegeben. Wird kein Kompost verwendet, liegt die Empfehlung im Bereich von 10 und 15 g Stickstoff/m².

Grundsätzlich ist der Nährstoffbedarf der Kartoffelpflanze relativ hoch. Der Hauptbedarf fällt in die Zeit um den Blühbeginn. Hier werden zum Beispiel 90 Prozent des Stickstoffs, der eigentliche Motor des Wachstums, benötigt. Damit der Nährstoff aus dem Boden aufgenommen werden kann, muss die Kartoffel in dieser Zeit ausreichend mit Wasser versorgt sein.

Zur Info

Wirkung der einzelnen Nährstoffe

Die Düngung beeinflusst nicht nur das Wachstum der Staude, sondern auch Geschmack und Inhaltsstoffe der Knollen.

- *Stickstoff beschleunigt das Wachstum der Staude und erhöht die Knollenzahl. Ein Zuviel führt allerdings zu erhöhten Nitratgehalten in den Knollen, anfälligeren Pflanzen und schwammigerem Gewebe mit schlechterer Lagereignung.*
- *Eine ausgewogene Phosphatdüngung fördert den Stärkegehalt, die Schalen werden fester, sodass die Pflanzen weniger anfällig sind.*
- *Kalium begünstigt die Knollengröße sowie den Vitamin C-Gehalt und verhindert die unerwünschte Rohbreiverfärbung und Kochdunkelung.*
- *Ausreichend Magnesium fördert die Bildung von Blattmasse, die ihrerseits Voraussetzung für die ausreichende Bildung von Zuckern ist, die schließlich in Form der höhermolekularen Stärke in den Knollen eingelagert werden.*

Tipp

Organische Dünger werden mit der Aussaat ausgebracht, da sie langsam wirken. Mineralische Dünger wirken in der Regel schnell und sollten in den ersten Wochen gegeben werden, wenn das Wachstum der Pflanzen am größten ist, auf jeden Fall noch vor Blühbeginn.

Geeignete Düngemittel für den Hausgarten

Gartenkompost

Ein alter Spruch sagt: „Der Komposthaufen ist die Sparbüchse des Gärtners." Gut abgelagerter Kompost (etwa drei Jahre alt) ist in der Tat nicht nur ein gutes und natürliches Bodenverbesserungsmittel. Wegen seines hohen Nährstoffgehaltes, besonders an Phosphat und Kali, aber auch an Stickstoff, Kalzium, Magnesium und

Spurenelementen, kann er gleichzeitig als organischer Mehrnährstoffdünger angesehen werden. Der Nutzgarten wird mit allen notwendigen Nährstoffen versorgt. Für die Kartoffel reichen 2 bis 4 Liter Kompost pro Quadratmeter aus. Am besten wird er im zeitigen Frühjahr vor dem Pflanzen auf der Erde verteilt und 5 bis 10 cm tief eingearbeitet.

Stallmist

Wer in der Nähe eines landwirtschaftlichen Betriebes wohnt, kann sich auch um eine Fuhre gut abgelagerten Stallmist bemühen. Dieser ist jedoch noch gehaltvoller als Kompost, sodass jeweils nur die halbe Menge, also 1 bis 2,5 Liter pro Quadratmeter, ausgebracht werden sollte. Wer dagegen Gartenkompost verwendet, der versorgt seinen Boden ausreichend mit Nährstoffen und benötigt keinen Stallmist.

Allerdings wird die Stallmistgabe im Herbst von jeher gelobt. Gut eingearbeitet liefert sie wichtige Nährstoffe, zum anderen hat sie eine positive Wirkung auf den Bodenzustand. Der Gehalt an leicht umsetzbaren Nährstoffen dient den Bodenorganismen als Nahrung und fördert die für die Garebildung notwendige Belebung des Bodens. Durch die Humusstoffe werden schwere Böden mechanisch gelockert, leichte Böden in ihrem Wasserhaushalt verbessert. Gewarnt sei jedoch vor einer Ausbringung von frischem, unverrotteten Stallmist unmittelbar vor dem Pflanzen der Kartoffeln im Frühjahr. Würde man zum Beispiel vor der Pflanzung von Kartoffeln mit Stallmist düngen und die Witterung wäre lange trocken und kalt, so würde der Stallmist zu langsam umgesetzt und die Nährstoffe kämen zu spät zur Wirkung. Als Folge davon könnte die Kartoffelstaude ins Kraut schießen, ohne dass es dabei zu einem Mehr an Knollen käme. Darüber hinaus zeigen die Erfahrungen, dass es bei einer derart verspäteten Düngung zusätzlich zu einer Verschlechterung des Geschmacks der Knollen kommen kann.

Wer seinen Garten mit Kompost düngt, kann auf eine Düngung mit Stallmist verzichten.

Kalkung

Die Kartoffel wächst gut auf Böden mit den unterschiedlichsten pH-Werten. Dieser Toleranz wegen ist eine Kalkung in der Regel gar nicht nötig. Hat eine Bodenanalyse einen zu niedrigen pH-Wert nachgewiesen, sollte mit kohlensaurem Kalk im Herbst gekalkt werden, keinesfalls mit Brannt-

Mit einem Komposthaufen kann man sich den erforderlichen Dünger selbst herstellen.

Phosphatarme Mehrnährstoffdünger

Handelsdünger	Nährstoffzusammensetzung	Klassifizierung
Engelharts StiPKa®	7 % Stickstoff 4 % Phosphat 8 % Kali	organisch-mineralischer Dünger
Hornoska® spezial (phosphatarm)	8 % Stickstoff 4 % Phosphat 10 % Kali 2 % Magnesium	organisch-mineralischer Dünger
Nitrophoska® perfekt	15 % Stickstoff 5 % Phosphat 20 % Kali 2 % Magnesium	mineralischer Dünger
Hakaphos® spezial	16 % Stickstoff 8 % Phosphat 22 % Kali 3 % Magnesium	mineralischer Dünger, wasserlöslich (Flüssigdünger)

kalk, da dieser einen sprunghaften Anstieg des pH-Wertes bewirkt, worauf die Kartoffel ungünstig reagiert.

Zur Info

Dünger für den Gemüsegarten

Ein häufig empfohlener Dünger für Kartoffeln ist der „Volldünger blau" (Blaukorn), den man vor dem Pflanzen einarbeitet.

Die empfohlene Düngermenge liegt bei 50 bis 70 g/m². Allerdings enthält dieser Dünger, wie auch diverse andere, nach Expertenmeinung zu viel Phosphat. Da die meisten unserer Gartenböden ohnehin einen zu hohen Phosphatgehalt aufweisen, sind phosphatreiche Mehrnährstoffdünger eher weniger für den Gemüsegarten geeignet. Empfohlen werden deshalb phosphatarme Dünger.

Es gibt aber auch eine Reihe phosphatarmer und phosphatfreier Mehrnährstoffdünger. Sollte der Boden Bedarf an Kalium und Magnesium haben, ist das Patentkali mit 30 Prozent Kalium und 10 Prozent Magnesium der geeignete Dünger. Falls im Gartenboden nur einzelne Nährstoffe fehlen, kann man diesen Bedarf auch mit Einzelnährstoffdünger decken.

Handelsdünger

Wer nach einigen Jahren Kartoffelanbau und Verwendung von Kompost als Dünger eine Bodenanalyse machen lässt, kann je nach Ergebnis die fehlenden Nährstoffe im Boden einfach mit geeigneten Mehrnährstoffdüngern oder Einzelnährstoffdüngern ausgleichen. Hierbei sind immer die vom Hersteller empfohlenen Düngergaben zu beachten.

Berechnung der richtigen Düngermenge

Auf den Düngerpackungen von Mehrnährstoffdüngern ist der Nährstoff meistens folgendermaßen angegeben: 15+5+20 oder 15/5/20. Die erste Zahl gibt den Stickstoffgehalt (N), die zweite den Phosphatgehalt (P_2O_5) und die

Einzelnährstoffdünger zur Deckung des Bedarfs an Stickstoff und Kalium

Handelsdünger	Nährstoffzusammensetzung	Klassifizierung
Stickstoffdünger		
Hornmehl/Hornspäne	*10 bis 14 % Stickstoff*	*organischer Dünger*
Schwefelsaures Ammoniak	*21 % Stickstoff*	*mineralischer Dünger, sauer wirkend*
Kalkammonsalpeter	*27 % Stickstoff*	*mineralischer Dünger, neutral wirkend*
Kalksalpeter	*15,5 % Stickstoff*	*mineralischer Dünger, alkalisch wirkend*
Kalidünger		
30 % Patentkali	*30 % Kali*	*mineralischer Dünger mit Magnesium*
(Kalimagnesia)	*10 % Magnesium*	
Kalisulfat	*50 % Kali*	*mineralischer Dünger*

dritte den Kaligehalt (K_2O) jeweils in Prozent an. Steht noch eine vierte Zahl dahinter, so ist dies der Magnesiumgehalt (MgO) in Prozent.

Als Ergebnis einer Bodenuntersuchung bekommt man den Nährstoffbedarf mitgeteilt, also etwa 5 g Stickstoff (N)/m². Daraus muss man dann die Düngermenge errechnen. Die Formel hierzu lautet: Nährstoffbedarf × 100/Prozentangabe des Nährstoffes auf der Düngerpackung = Düngermenge. Will man zum Beispiel mit dem Einzelnährstoff Hornmehl den Stickstoff düngen (14 % N), so benötigt man nach dieser Formel: 5 × 100/14 = 35,71 g/m², also ungefähr 35 g Hornmehl pro Quadratmeter Boden.

Ernte

Frühkartoffeln können ab Ende Juni bis Mitte Juli geerntet werden, selbst wenn das Kraut noch grün ist. Die Knollen sind reif, wenn die Schale fest ist und sich nicht mehr abreiben lässt. Man erntet immer nur so viel, wie man aktuell verwerten möchte, damit die übrigen Knollen bis zur nächsten Ernte weiter an Gewicht zunehmen können. Hierzu wird mit den Fingern das Wurzelwerk abgetastet und wenn man dickere Exemplare fühlt, werden sie abgezwickt. Danach drückt man die Erde wieder fest an. So kann man nach und nach die frische Ernte genießen.

Der Boden wird mit einer Gabel zur Seite gedrückt, sodass die Kartoffeln bequem geerntet werden können.

Die geernteten Knollen lässt man vor dem Einlagern am besten zum Abtrocknen auf dem Beet liegen.

Erste Frühkartoffeln können ab Ende Juni für den sofortigen Gebrauch geerntet werden. Mittelfrühe und spätere Sorten werden von August bis Anfang September geerntet und als Wintervorrat eingelagert.

Mittelfrühe Sorten sind im August, späte Sorten sind ab September erntereif, wenn das Kraut vollkommen abgestorben und die Schale ebenfalls fest ist. Grundsätzlich sollte nur bei trockenem Boden geerntet werden, damit das Beet nicht festgetreten und die Erde zu stark verdichtet wird. Es haftet auch weniger Erde, die anschließend entfernt werden müsste, an den Knollen. Mit einer Hacke oder Grabgabel wird der Damm zur Seite geschoben und die Knollen werden vorsichtig von den Tragfäden geschüttelt, um Verletzungen an den Kartoffeln zu vermeiden. Beschädigte Knollen werden nämlich während der Lagerung eher von Krankheiten befallen. Die Kartoffeln sollten vor dem Einlagern gut abgetrocknet sein. Man lässt sie am besten nach dem Ausgraben zum Abtrocknen auf dem Beet liegen.

Einkellerungstipps

Kartoffeln, die man einlagern möchte, sollten gesund, unbeschädigt, nicht ergrünt, trocken und relativ sauber (aber nicht gewaschen) sein. Hat man mehrere Sorten, ist es sinnvoll, diese wegen der verschiedenen Verwendbarkeit und des unterschiedlichen Geschmacks getrennt zu lagern. Eine Kartoffelknolle ist lebendes Material, das sich in Abhängigkeit von der Umgebung weiter verändern kann.

Die Knollen sollten in einem luftigen, frostsicheren und dunklen Raum gelagert werden. Die ideale Temperatur für eine Lagerung über den gesamten Winter hindurch liegt im Bereich von 4 bis 6 °C. Bei höheren Temperaturen beginnen die Knollen vorzeitig zu keimen, bei niedrigeren Temperaturen wird Stärke in Zucker umgewandelt, wodurch die Knollen einen süßen Geschmack bekommen. Lichteinfluss muss unbedingt vermieden werden, da die Knollen sonst ergrünen und das gesundheitsschädliche Solanin bilden.

Gut abgetrocknete Kartoffeln, bereit zur Einlagerung

Kleine Mengen von Kartoffeln können in offenen Papiertüten gelagert werden, niemals in Plastiktüten, weil sie dort leicht im abgegebenen Schwitzwasser faulen. Größere Vorräte kann man lose auf Lattenrosten oder in Horden aufbewahren. In unmittelbarer Nähe sollten möglichst keine Äpfel gelagert werden, da diese während der Lagerung Ethylen – das so genannte Reifungshormon – abgeben, ein Stoff, der die Kartoffeln zum Keimen anregen kann.

Der Lagerraum sollte dunkel sein, damit die Kartoffeln nicht austreiben. Äpfel oder Zwiebeln sollten nicht in der Nähe gelagert werden.

Krankheiten und Schädlinge

Schädlinge und Krankheiten können in jedem Garten auftreten. Das muss nicht gleich ein Zeichen von schlechter Pflege sein. Ob Pilz oder tierischer Schädling, das Auftreten von Krankheiten ist im ersten Moment immer Besorgnis erregend. Bei richtiger Diagnose kann man sich jedoch behelfen. Im Folgenden werden die wichtigsten Schadbilder der Kartoffel beschrieben und es wird erklärt, wie man befallene Pflanzen erkennt. Es werden Tipps gegeben, was zu tun ist, damit es im Garten weiter üppig wachsen kann. Beruhigend zu wissen ist auch, dass man durch die Verwendung anerkannter Sorten zahlreiche Krankheiten umgehen kann, da bei deren Vermehrung zum anerkannten Pflanzgut darauf geachtet wird, dass diese Züchtungen entweder resistent oder nur wenig anfällig sind.

Kraut- und Knollenfäule

Die Kraut- und Knollenfäule ist die bedeutendste Kartoffelkrankheit und tritt in allen Ländern auf, wo Kartoffeln angebaut werden. Sie wird durch den Pilz *Phytophthora infestans* verursacht und durch feuchtwarmes Wetter begünstigt. Das Kraut stirbt vorzeitig ab und der Ertrag wird vermindert. Der Pilz verursacht an den Knollen braune, leicht eingesunkene Flecken, die später faulen, weswegen man auch von der Knollenfäule spricht.

links: Krautfäule
rechts: Knollenfäule

Die ersten wahrnehmbaren Anzeichen der Krautfäule treten frühestens ab Mai in den Frühkartoffelbeständen auf. Einzelne Stauden weisen Verbräunungen an der Stängelbasis oder an ganzen Stängelabschnitten auf. Im weiteren Verlauf erscheinen gelblich grüne Flecken an den unteren Blättern, die sich in kurzer Zeit schokoladenbraun verfärben. Diese Flecken bilden sich von den Blatträndern oder von der Blattspitze her aus und vergrößern sich schnell bei feuchtwarmer Witterung.

Da im Hausgarten die Anwendung von Pflanzenschutzmitteln möglichst unterbleiben sollte, sind vorbeugende Maßnahmen oft der beste Schutz vor dieser Pilzerkrankung. Es bestehen große Sortenunterschiede bezüglich der Anfälligkeit von Laub und Knolle gegenüber dem genannten Erreger, sodass man mit einer geeigneten Sorte gut gewappnet ist. Frühe Kartoffelsorten sind grundsätzlich weniger anfällig als späte Sorten.

Die richtige Sortenwahl ist die beste Präventivmaßnahme gegen Phytophthora infestans.

Weitere vorbeugende Maßnahmen sind die Auspflanzung von vorgekeimten, gesunden Knollen, die Vermeidung von zu hohen Stickstoffgaben, da sie einen Befall mit Kraut- und Knollenfäule begünstigen, und eine ausreichende Versorgung mit dem Nährstoff Kalium, der das Kartoffelgewebe stärkt. Als alternative, vorbeugende Maßnahme empfiehlt sich eine Spritzung der Blätter mit Magermilch, da durch Milchsäurebakterien die Ansiedlung der Pilze auf den Blättern und Stängeln unterdrückt werden kann.

Wird ein Befall beobachtet, sollte man einfach die befallenen Blätter oder Triebe der betroffenen Stauden entfernen. Die Knollen der gesunden Pflanzen sollte man dann bis zur Ernte lange genug im Boden belassen. Da der Pilz vorwiegend im Gewebe befallener Kartoffelknollen überwintert – in Lagern, Komposthaufen oder auf Knollen, die im Boden zurückgeblieben sind –, müssen verdächtig aussehende Knollen auf jeden Fall vor der Lagerung vernichtet werden, um eine Ausbreitung zu vermeiden.

Gewöhnlicher Schorf

Diese Krankheit der Knollen wird von dem Bakterium *Streptomyces scabies* verursacht. Symptome an der Staude sind nicht erkennbar. Der Erreger befällt gewöhnlich nur die Knolle, in Ausnahmefällen können auch Stolonen, Wurzeln und der Stängelgrund befallen sein. Auf der Knolle entstehen verteilt korkartige, braune Flecken mit mehr oder weniger rissigen Vertiefungen. Durchgeschnittene Knollen zeigen im Inneren keine Schädigung. Der Befall mit Schorf beeinflusst weder den Geschmack noch die Gesundheit. Die Kartoffeln sind eben unansehnlich und es kommt durch

Typisches Schadbild einer von Schorf geschädigten Knolle

die Vertiefungen zu einem unerwünscht hohen Schälverlust.

Da der Erreger sehr sauerstoffbedürftig ist, wird ein Befall auf leichten, sandigen Böden häufiger beobachtet als auf schweren, schlecht durchlüfteten Böden. Es ist auch bekannt, dass eine saure Bodenreaktion hemmend auf ihn wirkt, während er durch einen hohen pH-Wert (alkalische Reaktion) in Verbindung mit unsachgerechter Kalkung gefördert wird.

Ausschlaggebend für einen Befall ist die Bodenfeuchte zum Zeitpunkt der Knollenanlage. Eine direkte Bekämpfung kann deshalb über ausreichendes Gießen erfolgen. Auf Böden mit wenig Humusanteil wird ebenfalls eher Schorf beobachtet, da hier höchstwahrscheinlich nicht die Voraussetzungen für ein ausgeglichenes Bodenleben gegeben sind und sich derartige Bakterien übermäßig vermehren können. Hier ist eine Verbesserung der Struktur des Bodens erforderlich. Durch Zufuhr organischer Substanz in Form von Kompost- oder Stallmistgaben wird einem Schorfbefall vorgebeugt.

Kartoffelkäfer

Leptinotarsa decemlineata, uns bekannt als der Kartoffelkäfer, stammt ursprünglich aus Nordamerika und wanderte 1936 über Frankreich nach Deutschland ein. Sowohl durch Käfer als auch Larven kommt es zuerst zu Rand- und Lochfraß an den Blättern. Lässt man sie ungehindert fressen, steht bald nur noch das Skelett des Krautes da oder es wird vollständig abgefressen.

Kartoffelkäfer und seine Larven an einer Kartoffelstaude

Der Kartoffelkäfer hat eine ovale Form, ist gelb-schwarz gestreift und erreicht eine Länge von 10 bis 12 mm. Er überwintert im Boden von September bis Mai und kann kurz nach dem Auflaufen der Kartoffeln bei Tagestemperaturen ab 14 °C bereits auftreten.

Eine Bekämpfung des Kartoffelkäferbefalls erfolgt einfach durch rechtzeitiges Ablesen der Käfer und Vernichten der Larven. So können größere Schäden verhindert werden.

Nach etwa zweiwöchigem Reifungsfraß paaren sich die Käfer und legen auf den Blattunterseiten orangefarbene Eier ab. Innerhalb von vier bis zwölf Tagen schlüpfen die Larven. Diese durchlaufen innerhalb einer Zeit von 14 bis 30 Tagen vier Larvenstadien. Die Larven sind hell- bis dunkelrot, teilweise auch gelb gefärbt und ungefähr 15 mm lang. Ab dem zweiten Stadium zeigen sie an ihrem Körper seitlich zwei auffällige Reihen von schwarzen Punkten. Der Kopf und der

Rückenschild sind ebenfalls schwarz gefärbt.

Nach Durchlaufen des vierten Larvenstadiums kommt es zur Verpuppung, wobei die Puppenruhe im Boden zwischen zwölf und 20 Tage andauert. Schlüpfen die neuen Käfer, kann es im August nochmals zu einem zwei- bis dreiwöchigen Befall kommen, bis die Tiere sich im September zur Überwinterung in den Boden zurückziehen.

Der Befall mit Kartoffelkäfern ist besonders hoch in Jahren mit einem frühen, feuchten Herbst, gefolgt von einem kalten Winter, in dem die natürlichen Feinde der Kartoffelkäfer dezimiert werden.

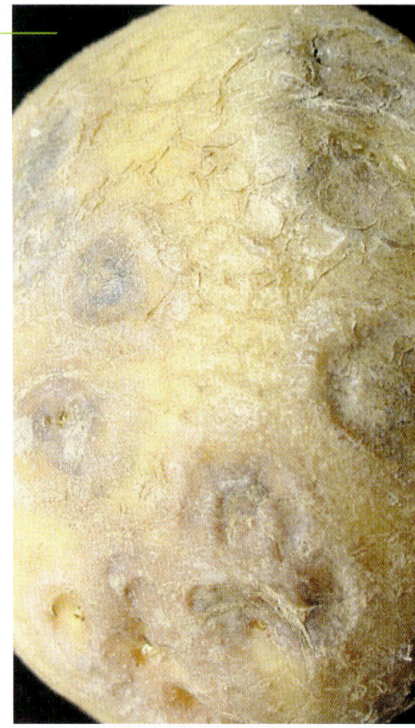

Ringförmige Nekrosen an Knollen durch Befall mit „Potato Virus, Stamm YNTN“

„Himbeerblättrigkeit“ und mosaikartige Verfärbungen, verursacht durch den „Potato Virus Y“

Viruskrankheiten

Es gibt mehrere Arten von Viren, die bei der Kartoffel verschiedene Krankheiten hervorrufen können. Vorgestellt werden die beiden bedeutendsten Virosen, verursacht durch das so genannte „Potato Virus Y“ und das „Blattrollvirus PLRV“.

- Potato Virus Y: Der YN-Stamm des Potato Virus Y verursacht Schäden an den Blättern der Stauden. Sie verfärben sich mosaikartig, werden deformiert und fühlbar hart wie Himbeerblätter („Himbeerblättrigkeit“). Durch Versuche konnte dazu bestätigt werden, dass der YNTN-Stamm des Potato Virus auch die Knollen schädigt. Es kommt an der Knollenoberfläche zu ringförmigen Absterbeerscheinungen, zu so genannten „Ringnekrosen“, die allerdings selten tief ins Fleisch sinken. Die Krankheit tritt häufiger in warmen und trockenen Sommern auf.

Eingerollte Blätter infolge eines Befalls mit „Blattrollvirus PLRV“

- Blattrollvirus: Das „Blattrollvirus PLRV“ tritt ebenfalls häufig in Hausgärten auf, wo eigenes Pflanzgut nachgebaut wird. Den Befall erkennt man daran, dass sich die Blätter erst im unteren Bereich rollen, später breitet sich der Befall nach oben hin aus. Dabei werden die Blätter deutlich hart.

Grundsätzlich gilt, dass die Viren durch mechanische Verletzung der Knollen in die Pflanzen gelangen können. Meist sind die Überträger jedoch Blattläuse, insbesondere die Pfirsichblattlaus und die Kreuzdornblattlaus, die sie übertragen. Wichtigste vorbeugende Maßnahmen sind die Verwendung wenig anfälliger Kartoffelsorten und der jährliche Pflanzgutwechsel.

Durch eine Vorkeimung des Pflanzgutes kann früher geerntet werden, das heißt, die Blattläuse haben während ihres Sommerfluges weniger Zeit, über das Kraut auch noch die Knollen zu infizieren.

Eisenfleckigkeit

Eisenfleckigkeit von Knollen wird durch ein Zusammenspiel von mehreren Faktoren am Standort beeinflusst. Erfahrungen haben gezeigt, dass sie vermehrt auf überdurchschnittlich gut durchlüfteten Böden mit geringem Versorgungsgrad an Kalzium und schlechtem Wasserhaltevermögen auftritt. Die Neigung zur Eisenfleckigkeit ist auch sortenspezifisch verschieden.

Schlechte Wasserversorgung führt bei manchen Sorten zu Zwiewuchs.

Zwiewuchs oder Kindelbildung

Auf Standorten mit ungleichmäßiger Wasserversorgung neigen manche Sorten, wie zum Beispiel 'Granola', dazu, an ihren Knollen rundliche Auswüchse, so genannte „Kindel“ auszubilden. Die Kartoffeln lassen sich dann sehr schlecht schälen, daher ist eine solche Unregelmäßigkeit im Wuchs nicht erwünscht.

Fit und Gesund

Fit und Gesund

Vitaminreich und nahrhaft

Ungeachtet des Rückgangs im Verbrauch der Kartoffel in den vergangenen Jahren ist sie ein unbestritten wertvolles Nahrungsmittel. Dank ihrer hohen Produktivität – die Kartoffel bildet pro Flächeneinheit fast so viel Eiweiß und die doppelte Menge an Kohlenhydraten wie Getreide – hat sie nicht nur viele Menschen in Hungerzeiten am Leben erhalten, sondern mit ihrem relativ hohen Gehalt an Vitamin C in der Vergangenheit weite Bevölkerungskreise vor dem Skorbut (Vitamin C-Mangelkrankheit) bewahrt. Neben der Stärke, dem Hauptbestandteil mit 15 bis 21 Prozent, ist dem Eiweiß ebenfalls Bedeutung zuzusprechen, da es biologisch sehr wertvoll ist. Es enthält essenzielle, das heißt für den Körper unentbehrliche Aminosäuren. Das Verhältnis, in dem diese in den Kartoffelproteinen vorkommen, ist dem von menschlichen Proteinen sehr ähnlich.

Inhaltsstoffe der Kartoffel

Die Inhaltsstoffe der Kartoffel variieren in Abhängigkeit von der Bodenart, auf der sie angebaut wird, der Düngung, dem Klima und der Sorte. Analysedaten der Lebensmitteltechnologen geben uns einen verlässlichen Überblick darüber, mit welchen Nährstoffen uns die Kartoffel versorgt.

Was steckt in der Kartoffel?

100 g essbarer Anteil enthalten:

2,10 g	Eiweiß
0,10 g	Fett
18,50 g	Kohlenhydrate
0,50 g	Rohfaser
25,00 mg	Magnesium
9,50 mg	Kalzium
443,00 mg	Kalium
50,00 mg	Phosphor
17,00 mg	Vitamin C
0,11 mg	Vitamin B1
0,05 mg	Vitamin B2
0,21 mg	Vitamin B6
1,22 mg	Niacin

Im Durchschnitt bestehen 100 g Kartoffeln aus 77,8 g Wasser und 22,2 g Trockensubstanz. In 100 g frischer Kartoffel sind 18,5 g Kohlenhydrate, davon überwiegend Stärke, 2,1 g Eiweiß, 0,1 g Fett, 0,5 g Rohfaser und 1 g Mineralstoffe enthalten. 100 g Frischsubstanz beinhalten außerdem zwischen 10 und 25 mg Vitamin C, 0,37 mg des Vitamin B-Komplexes und 0,1 mg Karotin (Provitamin A).

Verdauliche Kohlenhydrate und Ballaststoffe

Die Kartoffel ist mit ihrem durchschnittlichen Kohlenhydratgehalt von 18,5 g je 100 g Frischsubstanz in unserer Ernährung in erster Linie ein wichtiger Energielieferant. Der Hauptbestandteil ist die Stärke, die vom menschlichen Körper gut verstoffwechselt wird. Mit einem Brennwert von 75 kcal je 100 g Frischmasse ist die Knolle als kalorienarm einzustufen, das bedeutet, naturbelassen zubereitet, also nicht gebraten oder frittiert, ist sie keineswegs ein Dickmacher.

Der Ballaststoffgehalt der Kartoffel ist mit seinen 0,5 g Rohfaser je 100 g Kartoffel gering.

Ballaststoffe sind Bestandteile der pflanzlichen Zellwände wie Zellulose, Hemizellulosen und Lignine. Sie sind unverdaulich, passieren den Verdauungstrakt und haben dabei eine positive Wirkung auf dessen Peristaltik, das heißt auf die Darmbewegung und damit auf die Passiergeschwindigkeit der Nahrungsbestandteile. Bei ausreichendem Vorhandensein von Ballaststoffen wird erwiesenermaßen das Risiko von Darmkrebs vermindert. Gute Ballaststofflieferanten sind Gemüse, Salate und Vollkornprodukte.

Nach den Richtwerten der DGE, der Deutschen Gesellschaft für Ernährung, sollten Erwachsene täglich mindestens 30 g Ballaststoffe mit ihrer Nahrung zu sich nehmen.

Fett

Kartoffeln sind wie beinahe alle Gemüsearten fettarm. Sie enthalten nur 0,1 g Fett in 100 g Frischmasse. So eignen sich Kartoffeln sehr gut als Grundlage für eine sinnvolle Mischkostdiät.

Erst eine falsche Zubereitung oder eine fette Soße machen aus der „Magerknolle“ eine Kalorienbombe.

Eiweiß (Protein)

Eiweißstoffe sind eng mit allen wichtigen Lebensprozessen des menschlichen Körpers verbunden. Für die Ernährung ist Eiweiß umso wertvoller, je ähnlicher es dem menschlichen Eiweiß ist. Die biologische Wertigkeit steht als Gradmesser dafür, wie viel Körpereiweiß durch 100 g des betreffenden Nahrungsproteins ersetzt werden kann. Maßgebend dabei ist der Gehalt an essenziellen Aminosäuren, das sind solche, die der Körper nicht selbst aufbauen kann, wie zum Beispiel Leucin, Isoleucin, Lysin, Methionin, Phenylalanin, Threonin, Tryptophan und Valin.

Das Kartoffeleiweiß ist sehr hochwertig. Bei der Zubereitung mit Milch und Ei übersteigt ein Kartoffelgericht bei weitem den Proteinwert eines Schnitzels.

Nach dem Gesetz des Minimums bestimmt diejenige essenzielle Aminosäure die biologische Wertigkeit des Nahrungseiweißes, die in der geringsten Menge vorhanden ist. Zum Eiweißaufbau im Körper müssen alle erforderlichen Aminosäuren gleichzeitig vorhanden sein, sonst wird es gar nicht gebildet. Das Kartoffeleiweiß besteht etwa zur Hälfte aus hochwertigem Eiweiß, das gleich mehrere dieser essenziellen Aminosäuren wie Lysin, Leucin und Valin enthält und somit ein wertvolles Nahrungsmittel darstellt.

Mineralstoffe

Mineralstoffe und Spurenelemente haben im menschlichen Organismus die unterschiedlichsten Aufgaben, wobei die Reserven ständig verbraucht werden und durch die Nahrung wieder aufgefüllt werden müssen. Da die wertvollen Mineralstoffe hauptsächlich unter der Schale liegen, sollten die Kartoffeln häufiger als Pellkartoffeln zubereitet werden.

Unter den Mineralstoffen weist Kalium wie in fast allen Lebensmitteln den höchsten Gehalt auf, nämlich ungefähr 443 mg pro 100 g Frischmasse. Kalium beeinflusst wesentlich die Wasserverteilung im Körper, indem es den osmotischen Druck in den Zellen reguliert.

Mit 100 g Kartoffeln nehmen wir ungefähr 9,5 mg Kalzium, 50 mg Phosphor und 25 mg Magnesium auf. Kalzium und Phosphor sind wichtige Bausteine des Skeletts und der Zähne. Etwa 1,5 bis 2 Prozent unseres Körpers bestehen aus Kalzium, wobei über 99 Prozent der Knochen und Zähne aus Kalziumphosphat zusammengesetzt sind. Der tägliche Kalzium-Bedarf eines Erwachsenen liegt nach der DGE zwischen 800 und 1000 mg.

Magnesium ist ein wesentlicher Bestandteil im weichen Gewebe und in den Knochen, wo es als Magnesiumphosphat vorliegt. Magnesium aktiviert Enzyme im Energiestoffwechsel und spielt eine bedeutende Rolle in der Reizübertragung zwischen den Nervenzellen. Mit 100 g frischen Kartoffeln nehmen wir etwa 25 mg Magnesium zu uns. Der tägliche Bedarf wird von der DGE bei 300 bis 350 mg angesetzt, sodass man mit 100 g Kartoffeln etwa 7 bis 8 Prozent des Tagesbedarfs deckt.

Längsschnitt durch eine Kartoffelknolle (Krone – Nabel). Stärke ist im Parenchym um den Gefäßbündelring am stärksten konzentriert. Am Nabelende ist ihr Gehalt höher als am Kronenende. Die Eiweiße sind im Rindenparenchym und im inneren Teil des Marks vermehrt vorhanden. Die Mineralstoffe nehmen von außen nach innen ab. Die Verteilung von Vitamin C ist ähnlich wie die der Stärke.

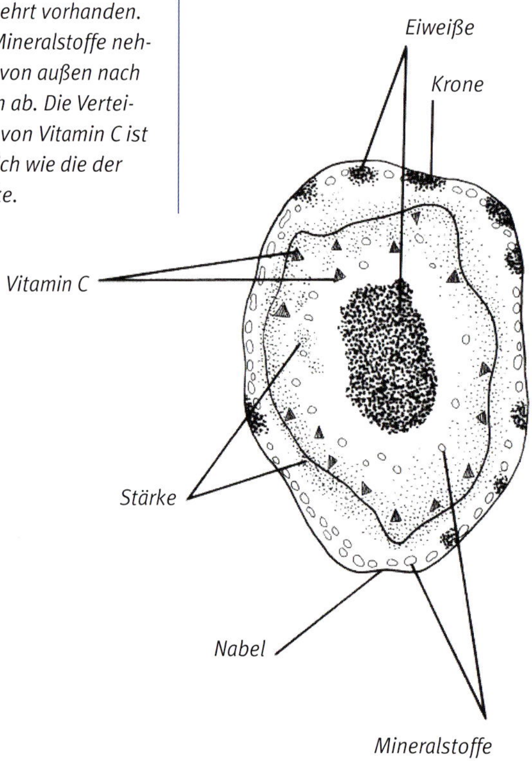

Vitamine

In der modernen Ernährung wird der Wert eines Nahrungsmittels häufig an seinem Vitamingehalt gemessen. Wichtig hierbei ist der tatsächliche Gehalt des Lebensmittels, das Wissen um die Verlustrate bei der Zubereitung sowie die empfohlene Tagesdosis. Der Bedarf an Vitamin C (Askorbinsäure) wird in der Ernährung fast ausschließlich durch den Verzehr von Obst, Gemüse und Kartoffeln gedeckt. In der Kartoffel haben wir einen mittleren Gehalt von 17 mg Vitamin C je 100 g essbaren Anteil, der größenordnungsmäßig dem von Äpfeln, Brombeeren, Porree oder Spargel entspricht. Vitamin C ist bekanntlich ein guter „Fänger" für freie Sauerstoffradikale, die durch Umweltgifte oder minderwertige Ernährung in unserem Körper entstehen. Sie haben nachweislich eine zellschädigende Wirkung und führen, falls im Übermaß vorhanden, zu Krebs, Arteriosklerose und Immunschädigungen. Bei Vitamin C-Mangel kommt es häufig zu erhöhten Anfälligkeiten für Erkältungskrankheiten und Mattigkeit. Nicht zuletzt werden gesteigerte Blutungen des Zahnfleisches, der Nase oder der Muskulatur auf einen zu niedrigen Vitamin C-Spiegel zurückgeführt. Wer täglich in seinen Speiseplan ausreichend Obst, Gemüse und Kartoffeln einbaut, kann sich auf einfache Weise vor einer Vielzahl von Krankheiten schützen.

Mit dem Genuss von 200 g Kartoffeln pro Tag ist bereits die Hälfte des empfohlenen Tagesbedarfs eines Erwachsenen an Vitamin C gedeckt.

Im Vitaminbereich sind noch geringe Mengen des wichtigen Vitamins B1 (Thiamin) zu erwähnen, das so genannte „Nervenvitamin“. Bei Mangel kann es zu psychischen Störungen wie Inaktivität, Gedächtnis- und Konzentrationsstörungen sowie Depressionszuständen kommen. Vitamin B2 (Riboflavin) mit 0,05 mg je 100 g Frischmasse ist für den Proteinstoffwechsel wichtig. Vitamin B6 (Pyridoxin) mit 0,21 mg pro 100 g Frischmasse ist vorwiegend am Aminosäurestoffwechsel beteiligt ist.

Welche Nährstoffmengen benötigt ein Erwachsener pro Tag?

Nährstoff	Empfohlene Nährstoffzufuhr pro Tag
Vitamin B_1 (Thiamin)	1,2 mg
Vitamin B_2 (Riboflavin)	1,6 mg
Vitamin B_6 (Pyridoxin)	1,7 mg
Niacin	1,7 mg
Vitamin C	75,0 mg
Magnesium	325,0 mg
Eisen	13,0 mg
Zink	14,0 mg

Unsere „Zivilisationskost“ besteht zum großen Teil aus Nahrungsmitteln, die in unserem Körper die Bildung von Säuren bewirken. Die Kartoffel als Basenbildner kann hier den nötigen Ausgleich schaffen.

Niacin mit 1,22 mg je 100 g Frischmasse ist im menschlichen Organismus am Auf- und Abbau von Kohlenhydraten, Fettsäuren und Aminosäuren beteiligt ist. Auch hier wird deutlich, dass die Kartoffel einen sehr wertvollen Beitrag für eine gesunde Ernährung leisten kann.

Das Säure-Basen-Gleichgewicht im menschlichen Körper

Eine gesunde Lebensweise lässt sich nicht allein durch die Aufnahme von errechneten Mengen an Kalorien, Mineralien, Spurenelementen und Vitaminen erreichen. Ernährungswissenschaftlich sinnvoll ist eine möglichst naturbelassene, einfache Kost, die der Körper unbelastet in Körpersubstanz und Energie umsetzen kann. Die dabei anfallenden Stoffwechselendprodukte, insbesondere die Säuren, sollten vollständig ausgeschieden werden.

In unserem Kulturkreis war es Paracelsus, der als erster auf die Übersäuerung des Organismus als Ursache vieler Krankheiten hingewiesen hat. Gicht, Rheuma, Nieren- sowie Magen- und Darmkrankheiten, aber auch Herzerkrankungen und Schlaganfälle werden heute von zahlreichen Naturheilkundlern auf ein gestörtes Säure-Basen-Gleichgewicht im Körper zu-

Säure- und Basenbildner in der Nahrung

Stark basenüberschüssig	**Schwach basenüberschüssig**	**Stark säureüberschüssig**	**Schwach säureüberschüssig**
Kartoffeln, Obst, Molke, Kräutertee, lang gezogener schwarzer Tee	*Buttermilch, Sauermilch, Vollmilch*	*Fleisch, Wurst, Hartkäse, Fisch, Hülsenfrüchte, Tomaten*	*Quark*
Mangold, Spinat, Kohlarten, Kohlrabi	*trockener Wein, Getreidekaffee*	*Eier, Schokolade, Kakao, Kaffee, hochprozentiger Alkohol, Wein*	*Haselnüsse*
Salate, Porree, Gurken, Sellerie, Rote Bete, Möhren	*Trockenobst, Datteln und Rübensirup*	*Zucker und alle zuckerhaltigen Produkte*	*Erzeugnisse aus Vollkornschrot*
Auberginen, Kürbis, Zucchini	*Sojamehl, Weizen- und Dinkelkeime*	*Weißmehl und Weißmehlprodukte*	*Weizen- und Roggenvollkornmehl*
Pfifferlinge, Steinpilze	*Feldsalat*	*Erdnüsse, Paranüsse*	*Bier*

rückgeführt. Sie führen das Beispiel der Naturvölker an, die durch eine einfache, naturbelassene Kost offensichtlich besser in der Lage sind, ihr biologisches Gleichgewicht im Körper aufrechtzuerhalten. Die chronischen Stoffwechselerkrankungen der modernen Zivilisationen sind ihnen weitgehend unbekannt.

Die Kartoffel als Basenbildner

Kartoffeln sind neben Blatt-, Knollen-

Zur Info

Säure- und basenüberschüssige Nahrungsmittel

Der menschliche Körper verarbeitet die Nahrungsmittel sehr unterschiedlich, sodass die Endprodukte der Verdauung sauer oder eher basisch sein können.

Beim gesunden Menschen wird die überschüssige Säure schon innerhalb der Zelle, im Gewebe und im Blut durch Mineralstoffe und die Bildung von Salzen neutralisiert. Ist die Ernährung jedoch über lange Zeit überwiegend säureüberschüssig, ist der Körper bald überfordert und es kommt zu Entmineralisierung, Ablagerungen von Säuren im Gewebe (vorwiegend als Harnsäure), Eindickung der Gewebeflüssigkeit und Ablagerung von Schlacken an Gefäßwänden. Der Sauerstofftransport im Gewebe wird erheblich gestört. Ein derart massiver Säureanstieg im Körper kann Herzspezialisten zufolge sogar zur Verdickung des Blutes führen und Auslöser für Herzinfarkte und Hirnschläge sein. Die vollständige Ausscheidung der im Stoffwechsel auftretenden Säuren setzt demnach eine basenüberschüssige Kost voraus. Es wird empfohlen, dass maximal 20 Prozent der zugeführten Kost aus säureüberschüssigen Nahrungsmitteln bestehen sollten. Der überwiegende Teil der Kost sollte mit basisch wirkenden Lebensmitteln gedeckt werden.

und Wurzelgemüse sowie Obst stark basenüberschüssig. Zudem liefern sie neben komplexen Kohlenhydraten (Stärke) auch wertvolles Eiweiß, eine Vielzahl von Vitaminen und Mineralien. Im Gegensatz zu Teigwaren, die zur Kategorie der säureüberschüssigen Lebensmittel gehören, helfen Kartoffeln, als Beilage oder Hauptgericht, das Säuren-Basen-Gleichgewicht zu optimieren.

Ein unerwünschter Inhaltsstoff – das Solanin

Da die Kartoffel ein Nachtschattengewächs ist, finden sich auch in allen Teilen pflanzliche Alkaloide. Das sind stickstoffhaltige organische Verbindungen, bei der Kartoffel im Speziellen das so genannte Glykoalkaloid Solanin. In hohen Konzentrationen, wie sie beispielsweise in den Stängeln, Blättern und Früchten vorliegen, ist es giftig.

Wesentlicher Faktor für die Bildung des Solanins ist die Lichteinwirkung, die gleichzeitig zum Ergrünen der Knollen führt. Vorsicht ist also bei ergrünten Knollen geboten. Diese sollten nicht mehr gegessen beziehungsweise grüne Stellen sollten ausgeschnitten werden. In der Regel haben Speisekartoffeln aber nur geringe Solaningehalte von weniger als 10 mg pro 100 g Frischsubstanz, sodass die Gefahr einer Vergiftung auszuschließen ist. Mit dem Schälen der Kartoffeln werden bereits mehr als 50 Prozent der Glykoalkaloide entfernt, da diese sich vorwiegend in den Randschichten der Schale anreichern.

Die Kartoffel als altbewährtes Heilmittel

Naturärzte empfehlen ein Glas frisch gepressten Kartoffelsaft morgens nüchtern und vor den Mahlzeiten zur Behandlung von Magengeschwüren, Entzündungen der Magenschleimhäute und zur Linderung von Sodbrennen und Völlegefühl. Durch seine basischen Stoffe wirkt Kartoffelsaft ausgezeichnet bei Rheuma und Arthritis, da die überschüssige Harnsäure gebunden wird.

Ein altbewährtes Rezept aus Großmutters Hausapotheke gegen Bauchweh und Halsentzündungen ist die Kartoffelkompresse. Heiße, ungeschälte Pellkartoffeln werden in ein Küchentuch gefüllt, grob zerquetscht und so heiß wie möglich aufgelegt.

Auflagen aus rohen Kartoffeln wirken hervorragend bei schlecht heilenden Wunden und entzündeten Stellen an Muskeln und Knochen. Dazu werden Kartoffeln roh geraffelt, mit etwas Milch vermengt und als Brei aufgelegt.

Das für uns giftige Solanin kommt vor allem in den Beeren und den Stängeln der Kartoffel vor.

Feine Rezepte

Feine Rezepte

Kartoffelküche

Die Kartoffel erlebte in den letzten Jahren eine wahre Renaissance und entkam so dem Schattendasein als Sättigungsbeilage, das sie in den vergangenen zwei Jahrzehnten ungerechtfertigterweise gefristet hatte. Ideenreiche Gastronomen im Lande warten mit einem raffinierten Rezeptrepertoire rund um die Knolle auf. Hier ist von der einfachen Hausmannskost bis zur „Haute cuisine" für jeden Gaumen etwas dabei.

Kartoffel ist nicht gleich Kartoffel

Bekanntermaßen unterscheidet man Kartoffeln in drei Kochtypen: fest kochende, vorwiegend fest kochende und mehlige Sorten. Mit zunehmendem Stärkegehalt der Knolle steigt die „Mehligkeit". Eine fest kochende Sorte bleibt nach dem Kochen fest, eine mehlige Sorte bricht dagegen auf und ist in der Struktur körniger. Von diesem Kochverhalten hängt letztlich das Gelingen der jeweiligen Speisen ab.

Die Festkochende ist ideal zur Bereitung von Salaten, festen Pell- und Bratkartoffeln, Puffer und Rösti. Die vorwiegend fest kochende Kartoffel ist gewissermaßen ein Allroundgenie. Sie kann für Salz-, Pell-, Brat- und Folienkartoffeln gleichermaßen gut verwendet werden. Aus ihr lassen sich auch sehr gut Eintöpfe und Suppen herstellen. Mit den mehligen Sorten können zwar auch Pell- und Salzkartoffeln zubereitet werden, dann aber mit mehliger Konsistenz. Sie sind dafür hervorragend zur Zubereitung von Püree, Klößen, Eintöpfen und Suppen verwendbar. Auch die geschmacklichen Variationen verschiedener Sorten verleihen den Gerichten jeweils eine besondere Note.

Verwendete Mengenangaben

Bd	=	*Bund*
Zw	=	*Zweig*
EL	=	*Esslöffel*
TL	=	*Teelöffel*
l	=	*Liter*
ml	=	*Milliliter*
P	=	*Päckchen*

Je schonender gegart wird, umso geringer ist der Vitaminverlust.

Kartoffelpüree mit einer Kartoffelpresse oder einem Stampfer zubereiten. Ein Pürierstab eignet sich weniger: Das Püree wird damit glasig.

Schonend zubereiten

Geschälte und zerkleinerte Kartoffeln sollten vor dem Garen nicht allzu lange im Wasser verweilen, weil es dadurch zu Auslaugverlusten an Vitamin C und B1 von bis zu 8 Prozent kommt. Grundsätzlich werden die Vitamine C, B1 und B2 besser erhalten, wenn man Kartoffeln ungeschält gart. Der Verlust an Vitamin C kann beim Kochen im geschälten Zustand doppelt so hoch sein. Vergleicht man die Garverfahren Kochen, Druckkochen, Dämpfen und Druckdämpfen, gehen

Zur Info

Acrylamid

Dieser Krebs erregende Stoff entsteht aus dem Eiweißbaustein Asparagin und den Zuckern der Kartoffel bei einer Temperatur von über 120 °C, also nur beim Braten, Backen und Frittieren. Sie können jedoch das Risiko gering halten: Rohe Kartoffeln sollten Sie dunkel lagern, denn in grünen Knollen entsteht beim Braten besonders viel Acrylamid. Achten Sie darauf, dass die Kartoffeln beim Frittieren oder Braten nicht zu dunkel werden. Bratkartoffeln aus gekochten Kartoffeln enthalten wesentlich weniger Acrylamid als solche aus rohen.

bei der ersten Methode am meisten und bei der letzten am wenigsten Vitamine verloren.

Rohe Kartoffeln sind nicht zum Einfrieren geeignet. Sie müssen vorher unbedingt gegart oder wie für Pommes frites vorfrittiert werden. Da Kartoffeln aber rund ums Jahr erhältlich sind, sollte man Kartoffelgerichte immer möglichst frisch zubereiten, denn dann ist das Aroma auf jeden Fall am besten.

Im ganzen Bundesgebiet finden sich neuerdings spezielle Kartoffel-Restaurants.

Feine Suppen

Deftige Kartoffelsuppe mit Lauch

Zutaten für 6 Personen

2	l	Gemüsebrühe
1	kg	Kartoffeln (vorwiegend fest kochend)
2		Möhren
2		dünne Stangen Porree
1	Bd	Petersilie
1	Bd	Schnittlauch
1		Sellerieknolle
2		Zwiebeln
1		Lorbeerblatt
2	EL	Öl
2	EL	Crème fraîche
		Salz, Pfeffer

- Rohe Kartoffeln und Gemüse klein schneiden
- Eine Zwiebel und 1/2 Bd Petersilie hacken
- Das Ganze mit 1 EL Öl in einem großen Topf leicht anrösten, Lorbeerblatt und Gewürze zufügen
- Mit Gemüsebrühe ablöschen und garen
- Lorbeerblatt entfernen
- Suppe mit Pürierstab pürieren
- Inzwischen eine Zwiebel und 1/2 Bd Petersilie klein hacken, mit 1 EL Öl anrösten und der Suppe beifügen
- Mit Crème fraîche abschmecken
- Vor dem Anrichten mit Schnittlauch bestreuen.

TIPP

Wer gerne feste Gemüsebestandteile in seiner Suppe hat, püriert einfach nur die Hälfte.

Kartoffelschaumsuppe aus lila Kartöffelchen

Zutaten für 3 Personen

250	g	Kartoffeln (z. B. 'Hermanns Blaue')
2		dünne Stangen Porree
1		Knoblauchzehe
1	Bd	Petersilie
2	TL	Öl
1/2	l	Gemüsebrühe
2		Tomaten
1		kleine Zwiebel
100	g	Schlagsahne
		Salz, Pfeffer, Muskat

- Kartoffeln schälen, Porree waschen, beides würfeln
- Petersilie zerkleinern, alles in 1 TL Öl kurz anbraten, mit Gemüsebrühe ablöschen und garen
- Inzwischen Tomaten mit kochendem Wasser überbrühen, häuten und klein würfeln
- Mit der Zwiebel und der zerdrückten Knoblauchzehe andünsten, die Tomatenstücke sollen dabei noch ganz bleiben
- Suppe mit Pürierstab pürieren, mit Salz, Pfeffer und Muskat würzen, Sahne unterrühren
- Nur noch kurz erhitzen, nicht mehr aufkochen
- Die gedünsteten Tomaten auf die Suppe geben.

TIPP

Statt Tomaten kann man auch Croutons auf die Suppe geben.

Salate

Badischer Kartoffelsalat

Zutaten für 4 Personen

1	kg	frisch gekochte Pellkartoffeln (fest kochend)
4	EL	Sonnenblumenöl
2	EL	Weinessig
1		Zwiebel
2	TL	Salz
1		Prise weißer Pfeffer
1		Messerspitze Zucker
1	EL	Crème fraîche
1/2	TL	Senf
1 – 2		klein gehackte Gewürzgurken
		Petersilie
1		Tasse Gemüsebrühe

- Geschälte und noch warme Salatkartoffeln in fingerdicke Scheiben schneiden
- Mit Salz und Pfeffer würzen
- Fein gehackte Zwiebel, Zucker, Öl und Crème fraîche hinzugeben und alles vermischen
- Anschließend Essig, Senf, gehackte Petersilie und Gewürzgurken zusammen mit der Gemüsebrühe unterheben.

TIPP

Variante zum kalten Braten: 1 EL Majonäse unterheben, Salat zum Schluss mit Eiervierteln und einem Kranz aus Brunnenkresse garnieren.

Bunter Kartoffelsalat mit neuen und alten Sorten

Zutaten für 4 Personen

250	g	fest kochende, gelbfleischige Kartoffeln
250	g	lilafleischige Kartoffeln (z. B. 'Hermanns Blaue')
250	g	rotfleischige Kartoffeln (z. B. 'Highland Burgundy Red')
1		Zwiebel
100	ml	Gemüse- oder Fleischbrühe
4	EL	Distelöl
1 1/2	EL	Weinessig
		Salz, Pfeffer
		breitblättrige Kresse
1		Eichblattsalat

- Die verschiedenen Kartoffelsorten getrennt als Pellkartoffeln abkochen
- Noch warm schälen und in fingerdicke Scheiben schneiden
- Zwiebel fein hacken, mit warmer Brühe über die Kartoffeln geben
- Öl, Essig und Gewürze in separater Schüssel verrühren und über die Kartoffeln gießen
- Kurz ziehen lassen und anschließend mit einigen Blättern Eichblattsalat auf vier Tellern anrichten und mit der Kresse garnieren.

TIPP

Als optischer Blickfang für das Party-Buffet kann der Salat in einer flacheren Schüssel oder auf einer Platte angerichtet werden.

Käse-Kartoffel-Salat auf Radicchio

Zutaten für 4 Personen

500 g	fest kochende Kartoffeln
3	Frühlingszwiebeln
1 Bd	Petersilie
60 g	magerer Speck
1	Kopf Radicchio
150 g	Goudakäse
1 EL	Sonnenblumenöl
100 ml	Weißwein
3 EL	Weinessig
100 ml	Gemüsebrühe
	Salz
1	Prise weißer Pfeffer

- Pellkartoffeln abkochen und schälen
- Frühlingszwiebeln in 2 cm breite Stücke schneiden
- Speck würfeln, Petersilie hacken
- Radicchioblätter in mundgerechte Stücke rupfen
- Den Käse in feine Streifen schneiden
- Die gekochten, gepellten Kartoffeln noch warm in Scheiben schneiden
- Den Speck in Öl anbraten, die Zwiebeln darin dünsten und anschließend mit Weißwein, Essig und Brühe ablöschen
- Mit Salz und Pfeffer würzen
- Das Ganze noch heiß über die Kartoffeln geben und mischen
- Nach kurzem Abkühlen Radicchio, Käsestreifen und Petersilie unterheben
- Vor dem Servieren einige Minuten durchziehen lassen.

TIPP

Dieser sommerliche Kartoffelsalat passt gut zu gegrilltem Fleisch, eignet sich jedoch auch als leichtes Hauptgericht zu Baguette mit frischer Butter.

Ostpreußischer Kartoffelsalat

Zutaten für 4 Personen

1 kg	Kartoffeln (fest kochend)
125 g	magerer Speck
2	kleine Zwiebeln
	Salz, Pfeffer
2 EL	Weinessig
125 ml	Sauerrahm
1 EL	Öl nach Bedarf

- Kartoffeln in der Schale gar kochen, schälen
- In der Zwischenzeit den Speck fein würfeln, in der Pfanne auslassen und die fein geschnittenen Zwiebeln darin rösten, noch warm über die in Scheiben geschnittenen Kartoffeln geben
- Danach den Essig hinzufügen, mit Salz und Pfeffer würzen und vermischen
- Zum Schluss den Sauerrahm und nach Bedarf das Öl unterheben.

TIPP

Den Salat auf jeden Fall noch warm servieren.

Beilagen

Großmutters Kartoffelpüree

- Rohe Kartoffeln schälen, vierteln und in leicht gesalzenem Wasser garen
- Noch heiße Kartoffeln mit einem Kartoffelstampfer zerstampfen oder durch eine Kartoffelpresse drücken
- Auf dem Herd unter Rühren mit dem Schneebesen Butter und Milch nach und nach hinzugeben
- Nicht zu stark erhitzen
- Mit Salz abschmecken
- Passt gut zu Rinderbraten und wird – je nach Geschmack – mit viel Soße serviert.

Zutaten für 4 Personen

1	kg	mehlige Kartoffeln
300	ml	Milch
60	g	Butter
		Salz

TIPP

Kartoffelpüree provenzalisch wird zubereitet mit Olivenöl, einer zerdrückten Knoblauchzehe, je 1/2 TL Rosmarin und Thymian. Dazu 1 Fenchelknolle würfeln, in Butter 5 Minuten weich dünsten. Fenchelstückchen mit etwas Anispulver und den Gewürzen unter das Kartoffelpüree mischen. Schmeckt sehr gut zu gebratenem Fischfilet.

Béchamelkartoffeln

- Kartoffeln schälen, in bleistiftdicke Scheiben schneiden und gar kochen
- In der Zwischenzeit die Soße zubereiten
- Hierfür 2 EL Butter im Topf erhitzen
- 2 EL Mehl hineingeben und unter ständigem Rühren mit Milch und Brühe ablöschen
- Soße kurz aufkochen, gehackte Petersilie zugeben und würzen
- Den fein geschnittenen rohen Schinken und die gekochten Kartoffelscheiben in die Soße legen und alles 10 Minuten durchziehen lassen
- Vor dem Servieren mit Schnittlauchröllchen bestreuen.

Zutaten für 4 Personen

1	kg	Kartoffeln (vorwiegend fest kochend)
75	g	roher Schinken
1	Bd	Petersilie
1	Bd	Schnittlauch

Für die Béchamelsoße:

2	EL	Butter
2	EL	Mehl
3		Tassen Milch
1		Tasse Fleischbrühe
		Salz, Pfeffer, Muskat

TIPP

Béchamelkartoffeln können auch in einer feuerfesten Form mit 3 EL Parmesankäse und Butterflöckchen bestreut im Backofen bei 170 °C 10 Minuten überbacken werden. Dazu passen feine Blattsalate.

Reibekuchen oder Kartoffelpuffer

- Rohe Kartoffeln schälen, reiben und in einem Sieb über einer Schüssel abtropfen lassen
- Zwiebel und Eier dazugeben, nach Geschmack würzen und verrühren
- Ist der Teig zu flüssig, eventuell mit etwas Mehl ausgleichen
- Öl in einer Pfanne erhitzen
- Esslöffelweise Teig hineingeben und mit einer Gabel flach drücken
- Reibekuchen auf beiden Seiten goldgelb ausbacken und sofort servieren.

Zutaten für 4 Personen

1 kg	fest kochende Kartoffeln
1	fein gehackte Zwiebel
2	Eier
	Salz, Pfeffer, Muskat
	Mehl
	Öl

TIPP

In Bayern heißen die Reibekuchen „Reiberdatschi", auf Kölsch „Rievkoche". Viele machen es wie die Berliner und essen Apfelmus dazu. Auch Zuckerrübenkraut passt, genauso wie frischer Matjes mit grünen Bohnen und Zwiebelringen, den man im Ruhrgebiet zu Kartoffelpuffern serviert.

Schweizer Rösti

- Pellkartoffeln abkochen und grob reiben
- Zwiebel sehr fein hacken
- In einer großen Pfanne mit einem Teil der Butter glasig dünsten und zu den grob geriebenen Kartoffeln geben
- Restliche Butter in der Pfanne erhitzen
- Kleine Röstipfannkuchen verteilen und flach drücken
- Rösti etwa 3 Minuten braten lassen, dann mit der Bratschaufel vorsichtig wenden und ebenfalls goldbraun anbraten.

Zutaten für 4 Personen

1 kg	fest kochende Kartoffeln
1/2	Zwiebel
100 g	Butter
	Salz, Pfeffer, Paprika

TIPP

Rösti passen als Schweizer Spezialität besonders gut zu Züricher Kalbsgeschnetzeltem.

Hauptgerichte

Gnocchi mit Basilikum und Tomaten

Zutaten für 2 Personen

500 g	mehlig kochende Kartoffeln
	Salz, Pfeffer
1 Bd	Basilikum
100 g	Mehl
2	Knoblauchzehen
2 TL	Olivenöl
400 g	Pizzatomaten (aus der Dose)
4 EL	frisch geriebener Parmesan

- Kartoffeln schälen, würfeln und in wenig Salzwasser garen
- Durch eine Kartoffelpresse drücken
- Basilikum klein schneiden
- Die Hälfte davon mit dem Mehl und einer Prise Salz zu den kalten Kartoffeln geben und durchkneten
- Teig etwa 10 Minuten ruhen lassen, danach fingerdicke Rollen formen
- 3 cm lange Gnocchi abschneiden und auf einer bemehlten Fläche 30 Minuten trocknen lassen
- Olivenöl erhitzen und Knoblauch hineinpressen
- Tomaten abtropfen lassen und kurz im Öl dünsten
- Soße mit Salz und Pfeffer würzen
- In einem großen Topf Salzwasser zum Kochen bringen
- Gnocchi kurz darin garen, bis sie an die Oberfläche steigen
- Sofort herausnehmen, auf warme Teller geben und mit der Tomatensoße anrichten
- Restliches Basilikum und den Parmesan darüber streuen.

TIPP

Gnocchi können auch in größerer Menge vorbereitet werden. Bemehlt in Frischhaltefolie eingewickelt kann man sie im Kühlschrank 2 bis 3 Tage aufbewahren.

Kartoffel-Zucchini-Omelett

Zutaten für 2 Personen

400 g	fest kochende Kartoffeln
1	kleine Zucchini
2	Tomaten
	Salz
2	Schalotten
2	Knoblauchzehen
2 TL	Olivenöl
2	Eier
	weißer Pfeffer
2 EL	geriebener Bergkäse
1 Bd	Schnittlauch

- Kartoffeln gar kochen, schälen und in Scheiben schneiden
- Zucchini waschen, vierteln und in feine Scheiben schneiden
- Tomaten häuten und würfeln
- Schalotten hacken und mit dem gepressten Knoblauch in einer Pfanne in dem Olivenöl glasig werden lassen
- Zucchinischeiben kurz darin andünsten
- Kartoffeln und Tomaten dazugeben und mit Salz und Pfeffer würzen
- Eier verquirlen, mit dem Käse und dem Schnittlauch vermischen und über die Kartoffeln gießen
- Omelett bei schwacher Hitze etwa 10 Minuten stocken lassen, umdrehen und weitere 5 Minuten ausbacken.

TIPP

Geschmackliche Variationen ergeben sich durch die Wahl der Kräuter. Statt Schnittlauch kann man zum Beispiel Basilikum oder alle möglichen Gartenkräuter verwenden.

Griechische Mousaka

- Kartoffeln schälen, Kartoffeln und Auberginen in Scheiben schneiden
- Getrennt mit etwas von dem Öl in einer Pfanne portionsweise anbraten und warm stellen
- Tomaten mit kochendem Wasser überbrühen, enthäuten und würfeln
- Restliches Öl im Topf mit der gehackten Zwiebel heiß werden lassen
- Hackfleisch darin leicht anbraten
- Enthäutete, zerkleinerte Tomaten zugeben
- Zimt, Salz und Pfeffer zugeben
- In einem zweiten Topf Butter schmelzen
- Grieß einschütten und etwas bräunen lassen
- Die mit der Milch geschlagenen Eier langsam zugeben
- Nach dem Dickwerden die Masse vom Herd nehmen und die Hälfte des Käses dazugeben
- In eine mit Öl gefettete große Auflaufform oder ein Rundblech Kartoffeln, Auberginen und Hackfleisch abwechselnd übereinander schichten
- Über jede Schicht etwas von der Käsecreme streichen
- Creme abschließend über die ganze Oberfläche ziehen und mit dem restlichen Käse bestreuen
- Bei 175 °C im Ofen etwa 40 Minuten auf der mittleren Schiene überbacken
- Mit Zitronemelisseblättchen garniert servieren.

TIPP

Mousaka ist ein klassisches griechisches Gericht. Es wird heiß in Quadrate geschnitten und auf Tellern angerichtet serviert.

Zutaten für 6 Personen

750 g	Kartoffeln (vorwiegend fest kochend)
500 g	Rinderhackfleisch
750 g	große Auberginen
3	Eier
500 ml	Milch
200 g	geriebener Hartkäse
1	Zwiebel
1	Stange Zimt
500 g	Tomaten
1/2	Glas Olivenöl
100 g	Butter
4 EL	Weizengrieß
	Salz, Pfeffer
	Zitronenmelisseblättchen

Sizilianische Kartoffelpizza

Zutaten für 8 Personen

750	g	mehlig kochende Kartoffeln
1	TL	Trockenhefe
250	ml	warmes Wasser
4	EL	Olivenöl
1/2	TL	Salz
800	g	Mehl
90	g	Asiago Käse
90	g	Fontina Käse
55	g	frisch geriebener Parmesan
		schwarzer Pfeffer
1	Zw	frischer Rosmarin

- Kartoffeln schälen und in wenig gesalzenem Wasser nicht zu weich garen
- Kochwasser aufbewahren
- Ein Viertel der Kartoffeln zerstampfen, die übrigen in kleine Würfel schneiden, etwas abkühlen lassen
- Asiago und Fontina Käse jeweils in 1,5 cm große Würfel schneiden
- Hefe in 250 ml lauwarmem Kartoffelwasser auflösen
- Mit 3 EL Öl und Salz zu den zerstampften Kartoffeln geben
- Das Mehl langsam einrühren, bis sich der Teig vom Schüsselrand löst
- Danach den Teig in einer leicht geölten Schüssel an einem warmen Ort zugedeckt für 45 Minuten gehen lassen, bis er sich verdoppelt hat
- Teig auf einer bemehlten Fläche 3 mm dick und im Durchmesser von 40 cm auswellen und auf ein geöltes Backblech legen
- Mit Käse- und Kartoffelwürfeln, Pfeffer, abgezupften Rosmarinblättchen und Parmesan bestreuen
- Das restliche Öl darüber geben
- Abgedeckt nochmals 25 Minuten gehen lassen
- Pizza im vorgeheizten Backofen bei 220 °C etwa 35 Minuten goldbraun und knusprig backen.

TIPP

Die Kombination der Kartoffeln mit den drei Käsesorten macht die Pizza unwiderstehlich. Sie kann heiß oder zimmerwarm auch als Vorspeise oder kleiner Imbiss zu einem italienischen Rotwein serviert werden.

Kartoffelkuchen auf schwäbische Art

- Zutaten für den Teig in eine Schüssel geben und zu einem Hefeteig kneten, ausrollen und in eine Springform mit 26 cm Durchmesser legen
- Für den Belag die gekochten Kartoffeln fein in eine Schüssel reiben, mit den übrigen Zutaten verrühren und auf dem Hefeteig verstreichen
- Zum Schluss ein paar Butterflöckchen auf der Masse verteilen
- Im vorgeheizten Backofen bei 200 °C etwa 50 Minuten backen.

TIPP

Als Alternative zum schwerer verträglichen Zwiebelkuchen ist Kartoffelkuchen ein bekömmlicher Genuss zu neuem Wein.

Zutaten für 4 Personen

Für den Teig:

250 g	Mehl
1/2 P	Trockenhefe
1	Ei
50 g	Margarine
125 ml	Milch
	Salz

Für den Belag:

500 g	gekochte mehlige Kartoffeln
2	Eier
150 ml	saure Sahne
2 EL	süße Sahne
2 EL	Mehl
50 g	zerlassene Butter
125 ml	Milch
	Salz, Muskat

Patatokeftedes – Griechische Kartoffeltaler mit Feta

- Kartoffeln abkochen, schälen und durch die Kartoffelpresse drücken
- Petersilie fein wiegen, Eier verquirlen
- Zusammen mit der gewürfelten Butter, dem fein gewürfelten Käse, Salz und Pfeffer zu der Kartoffelmasse geben
- Gut verkneten und von Hand kleine Taler formen
- In Mehl wälzen und in heißem Öl beidseitig goldbraun braten
- Abtropfen lassen und mit Dillblättchen garniert heiß servieren.

TIPP

Diese Spezialität aus dem Epirusgebiet auf dem griechischen Festland wird mit Blatt- oder Tomatensalat und griechischem Weißwein serviert.

Zutaten für 6 Personen

1 kg	Kartoffeln (vorwiegend fest kochend)
3	Eier
1 EL	Butter
200 g	frischer Feta
1 Bd	Petersilie
	Salz, Pfeffer
1 Zw	frischer Dill
	Mehl und Öl zum Braten

Brote, Kuchen und Desserts

Kartoffelbrot mit Möhren und Nüssen

Zutaten für 1 Kastenbrot

200 g	mehlig kochende Kartoffeln
100 g	frische Möhren
50 g	Walnusskerne
400 g	Weizenmehl Typ 1050
1 TL	Salz
1 P	Trockenhefe
200 ml	lauwarme Milch
1 EL	Honig

- Kartoffeln weich kochen, pellen und durch die Presse drücken
- Möhren schälen und sehr fein reiben
- Walnüsse grob hacken
- In einer Schüssel Mehl, Salz und Trockenhefe mischen
- Kartoffeln, Möhren und Walnüsse dazugeben
- Langsam die mit Honig gemischte Milch hinzufügen und mit Knethaken zu einem glatten Teig verarbeiten
- Auf einer bemehlten Fläche von Hand etwa 10 Minuten kneten, bis der Teig nicht mehr klebt
- In der Schüssel abgedeckt 1 Stunde gehen lassen, bis er sich verdoppelt hat
- Backofen auf 250 °C vorheizen
- Teig in eine gefettete Kastenform füllen und nochmals 20 Minuten gehen lassen
- Die Oberseite des Brotes mit Wasser einpinseln und mit einem Messer längs einritzen
- Eine Schale mit Wasser auf den Ofenboden stellen
- Brot 10 Minuten lang bei 250 °C backen, danach die Temperatur auf 200 °C reduzieren und das Brot in 30 bis 40 Minuten fertig backen.

TIPP

Durch die Kartoffeln bleibt dieses herzhafte Brot recht lange feucht. Es schmeckt gut sowohl mit süßem als auch mit salzigem Belag.

Westfälischer Kastenpickert

- Geschälte Kartoffeln in eine Schüssel reiben und in einem Sieb über einer Schüssel abtropfen lassen
- Wasser erst abgießen, wenn sich Kartoffelstärke abgesetzt hat
- Geriebene Kartoffeln und Mehl zur Stärke hinzufügen
- Hefe mit dem Wasser in einer extra Schüssel verrühren, zu den Kartoffeln geben und gut mischen
- Eier zugeben, Teig kräftig schlagen und mit Salz pikant würzen
- Eine 30 cm lange Kastenform einfetten und mit Semmelbrösel ausstreuen
- Teig hineinschütten und abgedeckt 30 Minuten gehen lassen
- Backofen auf 180 °C vorheizen
- Pickert auf der mittleren Schiene 120 Minuten backen
- Nach 60 Minuten die Form mit Pergamentpapier abdecken
- Pickert schließlich mit einem Messer herauslösen und auf einem Kuchengitter abkühlen lassen
- In 20 Stücke schneiden.

Zutaten für 1 Kastenform

1 kg	mehlig kochende Kartoffeln
500 g	Mehl
50 g	frische Hefe
3 EL	warmes Wasser
5	Eier
	Salz
	Öl zum Einfetten
	Semmelbrösel zum Bestreuen

TIPP

Der Kastenpickert ist zwar westfälischen Ursprungs, hat aber auch im Rheinland viele Freunde. Mit Butter und Marmelade gereicht ist er ein herrliches Frühstückserlebnis. Kenner lassen ihn nach dem Backen 24 Stunden durchziehen, braten die Scheiben in Butter und servieren ihn heiß.

Maultaschen auf die süße Art

Für den Teig:

800 g	mehlig kochende Kartoffeln
2	Eigelb
120 g	Mehl
	Salz
	Muskat
2 EL	Stärke

Für die Füllung:

4	mittelgroße säuerliche Äpfel
150 g	Magerquark
120 g	Zucker
100 g	in Rum getränkte Rosinen
100 g	geriebene Haselnüsse
	Zimt
100 g	geschmolzene Butter
	Puderzucker

- Geschälte, gekochte Kartoffeln zerstampfen und mit Eigelb und Mehl zu einem Teig verarbeiten
- Mit Salz und Muskat würzen
- Teig zu einer 5 bis 7 cm dicken Rolle formen und in 8 Stücke zerteilen
- Diese auf 0,5 cm Stärke auswellen
- Klebt der Teig, sollte mehr Stärke zugegeben werden
- Die geschälten Äpfel entkernen, vierteln und in feine Scheibchen schneiden
- Mit Quark, Zimt, Zucker, Rosinen und Nüssen vermischen
- Die Masse auf die Kartoffelteigstücke verteilen und diese dann aufrollen
- Die Rollen nebeneinander in eine gefettete Auflaufform setzen und gleichmäßig mit zerlassener Butter bestreichen
- Im vorgeheizten Backofen bei 200 °C 40 Minuten auf der mittleren Schiene backen
- Vor dem Servieren mit Puderzucker bestreuen.

TIPP

Die süßen Maultaschen, ein altes schwäbisches Rezept, schmecken ausgezeichnet mit einem Klecks frischer Schlagsahne.

Adressen, Literatur

Bezugsquellen für alte Sorten

- Biolandhof Karsten Ellenberg
  Ebsdorfer Str. 1
  29576 Barum
  Tel.: 05806/ 304
  www.kartoffelvielfalt.de

- Haaghof, Familie Walter Kress
  74239 Hardthausen-Gochsen
  Tel.: 07139/ 452464

- Gärtnerei Naturwuchs
  Bardenhorst 15b
  33739 Bielefeld
  Tel.: 0521/ 8751500

- IPK Genbank- Außenstelle Nord
  Parkweg 1D
  18190 Groß Lüsewitz
  Tel.: 038209/ 80525

Informationsstellen

- Verein zur Erhaltung der Nutzpflanzenvielfalt e.V. (VEN)
  Ursula Reinhard
  Sandbachstr. 5
  38162 Schandelah
  Tel./Fax: 05306/ 1402
  www.nutzpflanzenvielfalt.de

- Verein zur Erhaltung und Rekultivierung von Nutzpflanzen in Brandenburg e.V. (VERN)
  Burgstr. 20
  16278 Greiffenberg

- Saatbauamt Donaueschingen
  Außenstelle der Landesanstalt für Pflanzenbau Forchheim
  Villinger Str. 81
  78166 Donaueschingen
  Tel.: 0771/ 898356

- Internet- Datenbank zu Sortenbeschreibungen:
  www.genres.de/eva/kartoffeln.htm

- Eine Adressenliste von regionalen Bodenuntersuchungslabors ist zu erhalten unter: VDLUFA
  Bismarkstr. 41A
  64293 Darmstadt
  Tel.: 06151/ 955840

- Infostelle für Auskünfte zu Düngerfragen
  Fachhochschule Weihenstephan
  Tel.: 08161/ 714541

Literatur

- Bukow, Wiebke: Kartoffeln. Anleitungen zum Umgang mit einer Delikatesse. Europäische Verlagsanstalt/Rotbuch Verlag 2001.
- Bundessortenamt: Beschreibende Sortenliste – Kartoffeln, Landbuch Verlagsgesellschaft mbH 2001.
- DGE (Deutsche Gesellschaft für Ernährung): Empfehlungen für die Nährstoffzufuhr. 5. Überarbeitung. Umschau-Verlag 1991.
- Hermann, Karl: Inhaltsstoffe von Obst- und Gemüse, Verlag Eugen Ulmer 2001.
- Hosch, Harald: Gesund durch Entsäuerung: Das Säure-Basen-Gleichgewicht wieder herstellen und erhalten. Dr. Werner Jopp Verlag 2001.
- Körber-Grohne, Udelgard: Nutzpflanzen in Deutschland. Kulturgeschichte und Biologie. Konrad Theiss Verlag 1994.
- Fachhochschule Weihenstephan: Merkblätter zur Düngung von Gemüse im Hausgarten, 2001. Über Internet- Adresse: www.fh.weihenstephan.de/va/infos/merkblätter/gb/hausgarten-duengung.html
- Ottenjann, Helmut und Ziessow, Karl-Heinz: Die Kartoffel. Geschichte und Zukunft einer Kulturpflanze. Verlag Museumsdorf Cloppenburg, Niedersächsisches Freilichtmuseum 1992.
- Radtke, Wolfgang, Rieckmann, Werner und Brendler Fritz: Kartoffel. Krankheiten, Schädlinge, Unkräuter. Verlag Th. Mann 2000.
- Root, Waverly: Das Mundbuch. Eine Enzyklopädie alles Eßbaren, Eichborn Verlag 1995.
- ZMP Marktbilanz Kartoffeln 2000, Deutschland, Europäische Union, Weltmarkt. Zentrale Markt- und Preisberichtstelle GmbH 2000.

Danksagung der Autorin

An dieser Stelle gilt mein besonderer Dank Herrn Karsten Ellenberg, der mir freundlicherweise zahlreiche seiner Bilder zur Verfügung stellte. Ebenso danke ich Herrn Ludwig Käppeler vom Saatbauamt Donaueschingen, der mit seinen Informationen zu den einzelnen Kartoffelsorten auch zum Gelingen dieses Buches beigetragen hat.

Register

Bibliografische Information Der Deutschen Bibliothek
Die Deutsche Bibliothek verzeichnet diese Publikationen in der Deutschen Nationalbibliografie; detaillierte bibliografische Daten sind im Internet über http://dnb.ddb.de abrufbar.

Bildquellen
Agrarfoto Hormes: S. 59
agrar press: S. 42 unten
Bildarchiv Preußischer Kulturbesitz: S. 12
Biolandhof Ellenberg: S. 1, 9(4), 26 unten, 28(5), 29, 32, 33, 35, 42 oben, 55
CMA: S. 20(2), 21(3), 22, 25, 26 oben
Wolfgang Redeleit: S. 31, 41,
Hans Reinhard: S. 4, 10, 11, 16, 39,
Saatbauamt Donaueschingen: S. 33, 43 li, 46(2), 47 unten,
Bernd Schaefer: S. 43 re, 44, 45
Wolfgang Schiffer: S. 30
Maximilian Stock LTD/Stockfood Munich: Umschlagfoto groß (vorne und hinten)
Gitte und Siegfried Stein: S. 6, 18
Universität Hohenheim, Institut für Phytomedizin: S. 47 oben
Anja Vits-Hamdioui: S. 53
Fridhelm Volk: Freisteller Umschlag, S. 48, 56, 61, 63, 66, 69, 77 und alle Vignetten
Zeichnungen: Gisela Tambour: S. 34, alle anderen: Kerstin Heß

Wollgrasweg 41, 70599 Stuttgart
E-Mail: info@ulmer.de
Internet: www.ulmer.de
Printed in Germany

Lektorat: Dr. Gabriele Lehari, Anke Ruf
Covergestaltung und Layout:
CYCLUS · Visuelle Kommunikation
Herstellung und DTP:
CYCLUS · Media Produktion
Druck und Bindung:
Offizin Andersen Nexö, Zwenckau

ISBN: 3-8001-3258-3

Anregungen zum Selbermachen.

Steinpilzragout, Pilztorte, Asiatische Pilzpfanne - ein wahrer Gaumenschmaus! Doch vor dem Genuss steht die Frage: Wie erkennt man die essbaren Pilze? Und wie muss man sie zubereiten?

Nahezu **100 Pilze** und ihre teilweise **gefährlichen „Doppelgänger“** werden in diesem Buch exakt beschrieben. Abgebildet werden junge sowie ausgewachsene Pilze, Ansichten von oben, von unten und aufgeschnitten. Die **hervorragenden Farbfotos** ermöglichen eine rasche, **sichere Bestimmung** bereits beim Sammeln. Selbstverständlich geben die Autoren auch **fundierte Ratschläge** zum Umgang mit Pilzen, zum Sammeln, Auswählen, Putzen und Verarbeiten.

Pilze sicher bestimmen – delikat zubereiten. R. und F. Volk. 2. Auflage 2001. 192 S., 231 Farbf. ISBN 3-8001-3656-2.

Das Angebot der auf Kräuter spezialisierten Gärtner ist in den letzten Jahren sehr groß geworden und viele bislang unbekannte **exotische Pflanzen** wurden in Kultur genommen.

In diesem Buch erfahren Sie erstmals alles über neue und natürlich auch über die **altbewährten Kräuter**, über ihre Anzucht, die spezielle Pflege auf dem Balkon und im Zimmer, ihre Vermehrung und Ernte. Darüber hinaus finden Sie auch **Gestaltungsbeispiele** und **viele Rezepte**.

Die Autorin M. Wiegele ist Buchautorin zum Thema Phytotherapie und Seminarleiterin zu sämtlichen Bereichen der alternativen Heilmethoden.

Der Kräutergarten auf Balkon und Terrasse. M. Wiegele. 2000. 96 Seiten, 76 Farbfotos, 20 Zeichn. Garten-Ratgeber Reihe. ISBN 3-8001-3135-8.

Kräuter runden nicht nur viele Gerichte ab, sie verleihen vielen Speisen erst ihren ganz typischen Geschmack. In diesem Buch erfahren Sie, zu welchen Speisen welche Kräuter passen, welche Teile der Pflanzen verwendbar sind und wie sie auf den menschlichen Organismus wirken. Bei der **riesigen Rezeptauswahl** wird man sehr einfach fündig. Außerdem werden verschiedene Konservierungsmethoden vorgestellt. **Ansprechende Farbfotos** machen Appetit aufs Nachkochen! Der im Buch enthaltene Teil **Kräuter von A – Z** in Garten und Natur stellt bekannte und längst vergessene Kräuter mit Bestimmung, Erntezeit, Anbau, Verwendungsmöglichkeiten und Heilwirkung vor.

Kochen mit Kräutern. R. und F. Volk. 2002. 128 Seiten. 120 Farbfotos. ISBN 3-8001-3273-7.